함께 살아갈 인연

| 상호의존관계를 되새기며 |

학산 이 상 규 지음

머리말 |

코로나-19(COVID-19)가 창궐하기 시작한 지 벌써 만 2년이 지났음에도 좀처럼 수그러들 낌새가 보이지 않는다. 그 사이에 감염자의 수는 세계적으로 약 5천만 명을 넘었고 사망자의 수 또한 1천만 명을 내다보고 있다니, 사상 거의 유례(類例)를 찾아보기 힘든 일이다. 원래, 조류(鳥類)를 숙주(宿主)로 하는 바이러스(virus)가 다른 동물을 매체(媒体)로 하여 인간에까지 전염됨으로써 인수전염(人獸伝染)을 일으키게 된 것이니, 인간 자신도 그 책임을 면할 수는 없는 일이다.

어디 그뿐인가? 우리의 삶의 터전인 이 아름다운 행성 지구는 지구대로 몸살을 앓고 있다. 우선, 지구온난화는 어제오늘의 문제가 아니라 이미 상당한 시간이 흘렀음에도 불구하고 개선은 고사하고 오히려 악화일로에 있어 이제는 기후재앙(氣候災殃: climate disaster)이 촉박하였음을 알리는 경고음이 울리고 있고, 지구의 70%에 달하는 해양은 폐플라스틱을 비롯한 인간이 배출한 각종 폐기물로 인하여 오염됨은 물론, 지도에도 없는 한반도 보다 넓은 면적의 이른바, 플라스틱 섬 (plastic island)이 다섯 개나 생겨났다니 끔찍한 일이 아닐 수 없다. 더욱이, 세계의 허파로 불리기까지 하는 남미의 아마존과 인도네시아의 원시우림(原始雨林: tropical rain forest)은 농경지를 조성하고 공장을 짓기 위하여 막대한 면적의 원시림을 벌채하고 개발함으로써 매년 거대한 면적의 원시림이 사라져가고 있으니, 갖가지 기상이변(氣象異變)을 탓한들 무슨 의미가 있겠는가 싶다.

그 와중에 유독 인간만은 그런대로 경제적인 풍요 속에서 과학, 기술의 발전을 구가하면서도 이른바 4차산업의 반열에서 뒤지지 않으려고 안간힘을 쏟으며 이른바, 디지털화를 계기로 가상현실[VR.], 인공지능[AI.]과 동적인 로봇(robot) 등의 개발에 여념이 없다. 그러니 눈앞에 다가온 지구환경의 재난이 눈에 보이는 듯하다. 이스라엘의 히브리대학 역사학 교수인 유발 하라리(Yuval N. Harari)는 그의 명저인 "사피엔스"(Sapiens)의 말미(末尾)에서 "우리는 친구라고는 물리법칙밖에 없는 상태로 자신을 신으로 만들면서 아무에게도 책임을 느끼지 않는다. 그 결과 우리의 친구인 동물들과 주위 생태계를 황폐하게 만든다."[1]라고 단언하였다. 적어도 지금까지는 그것이 틀림없는 말이다.

우주는 따로 특별한 생각 없이 오로지 연기법(緣起法)이라는 우주의 법칙에 따라 움직일 뿐이며, 이 세상의 모든 '것'은 하나의 예외도 없이 연기적 조건에 따라 쿼크(quack)와 같은 극미립자(極微粒子)가 화합하여 구성됨으로써 생겨나 삶을 유지하면서 변하다가 결국은 사라져 원래의 모습으로 돌아간다. 그러므로 엄격히 말한다면, 사람을 비롯한 모든 '것'은 원자의 집합물(集合物)에 지나지 않고, 그 스스로 생겨나 원래부터 그 자체의 실체성(實体性: reality)을 지니고 있는 것은 하나도 없으니, 이러한 현상을 가리켜 '공'(空: emptiness)이라고 부른다. 이와 같이 볼 때, 인간은 다른 모든 생물과 본질적으로 다를 것이 없다. 모든 '것'은 불이(不二)의 상태에 있는 것이어서, 둘이 아니고 그렇다고 하나라고 할 수도 없이 상호의존관계(相互依存關係: mutual interdependency)의 틀안에 있는 것이다. 이치가 이처럼 엄연한데도, 어리석은 인간들은 모든 '것'의 관계성(關係性: relatedness)을 도외시하고, 마치 인간이 만물의 영장이나 되는 듯이 탐욕에 매몰되어 지구를 마구 파헤치고 다른 생물을 멋대로 포획하고 살육하며 생태계를 무

---

1) Harari, Sapiens, 조현욱 옮김, 2015, 588쪽.

너트린 맨 모습이 오늘날 지구가 직면하고 있는 위기상태다.

더 늦기 전에 인간은 이 지구적인 위기를 직시하여 다른 모든 '것'과의 관계성을 회복함으로써 불이(不二)의 상태를 복원(復元: renew)하지 않으면 안 된다. 저자가 이 책을 펴내려 한 뜻이다. 그러나 저자의 어리석음으로 말미암아 사자를 그리려 한 것이 고양이를 그린 것이 아닌지 적이 걱정된다. 독자 여러분의 넓은 이해를 구할 따름이다.

항상 양서(良書) 출판을 위하여 힘쓰고 있는 도서출판 해조음에서 이번에도 이 책의 출간을 맡아 정성들여 편집하고 색인(索引) 작성과 교정을 위하여 애쓰신 데 대하여 깊이 감사드리며, 특히 여성불교 진작을 위하여 애쓰시느라 분주한 가운데에도 이 책의 출간을 위하여 힘쓰신 데 대하여 이주현사장께 감사드리고, 편집부 여러분의 노고에 고마움을 표한다.

2022. 2.
丹心齋에서 새해 아침에
학산 **이상규** 씀

일러두기

1. 독자의 편의를 위하여 될 수 있는 대로 일상적인 용어를 사용하고 한글전용에 힘쓰되, 혼동의 우려가 있는 부분은 괄호 안에 한자나 영문을 함께 적었다.

2. 한자를 병기함에 있어 한자를 풀어 쓴 곳에는 큰 괄호[ ]로 묶어 넣고, 일반적인 한자의 병기는 작은 괄호( )안에묶어 넣었다.

3. 근래에 외래어의 사용이 많아지고 또 외국어 표기가 오히려 이해하기에 편한 경우에는 한글로 표기하고 괄호 안에 원음(原音)을 표기하였다.

4. 연기법, '공', 중도(中道)와 사성제(四聖諦)의 부분은 내용의 성질에 비추어 저자가 펴낸 책의 관련 부분을 약간 손질하여 옮겨 적었음을 밝혀둔다.

차례

제1장 지구가 당면한 문제

제4장 중도

제5장 네 가지 거룩한 진리

제6장 현대사회의 당면한 문제

제7장 지구적 재난에 대한 시급한 대처

들어가면서 |

    우리는 물리적으로 존재하는 모든 '것'을 포용하고 있는 이 공간을 우주(Universe)라는 이름으로 부른다. 그런데 한 가지 분명한 것은 무(無)에서는 유(有)가 생겨날 수 없다는 것이 엄연한 물리적 법칙이다. 왜냐하면, 존재에 대한 과학적 설명에는 반드시 물리적인 원인이 포함될 수 있어야 하기 때문이다. 바꾸어 말하면, 물리적인 원인 없는 '것'이 있다고 가정한다면 그것은 그 존재를 설명할 수 없다. 이는 곧 이 세상의 모든 '것'은 무엇인가의 원인이 알맞은 조건을 만나 이루어져 나온 존재라는 것이다. 우리의 육안으로는 보이지도 않는 작은 존재에서 시작되었다고 하더라고 우주의 모든 '것'은 분명히 무엇인가가 있고, 그에 알맞은 조건이 화합하여 시작된 것이라는 것이 과학적인 통념이다.

    그러기에 모든 일에는 그에 앞서 일어나는 일이 있다. 작은 카페집 주인의 선심도 무언가 원인이 있기 마련이다. 우주의 형성기에 태양과 같은 항성(恒星; star)과 행성(行星; planet) 등의 형성에 필요한 조건이 충족되어 있지 않았던들 햇빛도, 우리가 발을 딛고 서 있는 지구도 없었을 것이다. 세상의 모든 일은 매우 정교하게 균형 잡히고 서로 연관된 거미줄처럼 복잡한 연결망[2] 속에서 돌아가고 있다. 우리가 흔히 말하는 삶, 건강이나 생태계는 모두가 상호 연관되고 의존하는 복잡한 관계를 이루고 있으며, 분명한 시작도 끝도 찾아보기 어렵다.

그런데 지구라는 이 작은 행성에서 삶을 이어가고 있는 인간은 지금 미증유(未曾有)의 시련에 직면해 있다. 과학자들 가운데에는 지구가 그 위에서 삶을 영위하고 있는 인류라는 동물 종(種: species)의 존속 여부의 문제를 넘어, 생물의 생존이 가능한 공간의 기능을 계속하여 감당할 수 있을지조차 의심스러운 시점이 가까워져 오고 있다고 염려하는 이가 적지 않다. 지구의 멀지 않은 앞날에 대한 이러한 비관적인 예측을 하지 않을 수 없게 만든 원인은 인간이 다른 생물과 자연을 잘못 다루어 온 데에 있다고 보는 것이 대세(大勢)이며, 그

---

2) 불교에서는 이를 인드라망이라고 하고, 화엄경에서는 이를 가리켜 일(一)과 다(多)의 상즉상입(相卽相入)이라고 한다.

러한 잘못이 저질러진 것은 세 가지 확고하면서도 서로 연관된 생각에서 비롯된 것으로 본다. 곧, 첫째로 인간은 자연계의 다른 것과는 구별되는 우월한 존재라는 이른바, 인간중심주의(人間中心主義: anthropocentricsm)이다. 둘째로 생물이나 무생물이나 가릴 것 없이, 모든 것은 인간이 마음대로 활용할 수 있는 재물로 보는 관념이다. 셋째로 우리는 인간의 풍요를 위하여 무한히 경제성장을 추구할 수 있는 것으로 보는 생각이다.

고대 그리스 철학자로 알렉산더(Alexander) 대왕의 스승이었던 아리스토텔레스(Aristotle)는 "동물은 이성과 영혼이 없어 사람이 적절히 쓸 수 있다."고 말하고, 그의 저서 정치(Politics)에서 "식물은 동물을 위하여 존재하고, 동물은 사람을 위하여 존재하며, 가축은 그의 이용과 식량을 위한 것이고, 야생의 것은 식량이나 옷, 기타 갖가지 도구와 같은 삶을 위한 도구로 쓰인다."라고 밝혔다. 한편, 그리스도교의 구약성서(舊約聖書: Old Testament)는 창세기 1장에서 "하나님이 자기 형상, 곧 하나님의 형상대로 사람을 창조하시되 남자와 여자를 창조하시고, 하나님이 그들에게 복을 주시며, 하나님이 그들에게 이르시되 생육하고 번성하여 땅에 충만하라. 땅을 정복하라. 바다의 물고기와 하늘의 새와 땅에 움직이는 모든 생물을 다스리라 하시니라."[3] 라는 구절이 있다. 앞에서 든 아리스토텔레스의 주장이나 창세기의 구절은 인간중심주의를 주창하는 사람들의 합리적인 근거로 작용한 것이 사실이다. 그러한 까닭에 특히 구약성서를 공유하는 서구사회[4]를 중심으로 인간생활의 풍요와 편의를 도모한다는 명목 아래 자행된 화석연료(化石燃料: fossil fuel)의 급격한 사용 증가와 자연훼손 및 동, 식물의 남획은 결국 오늘날 보는 바와 같은 지구온난화를 비롯한 자연환경의 파괴와 수많은 동, 식물의 멸종을 가져옴으로써, 사람의 생존은 물론, 이미 지구 자체의 자정능력을 위협하는 상태에까지 이르렀음은 널리 알려진 사실이다. 나아가, 야생동물의 가축화와 육식의 급격한 증가는 바이러스의 인수간(人獸間) 전이를 쉽게 만듦으로써 2000년대에 들어 사스(SARS), 메르스(mers) 및 코비드-19라는 코로나 바이러스의 변형으로 인한 전염병의 세계적인 확산을 가져왔다. 이러한 현상들은 모두 상호의존관계에 있어야 할 존재들 사이의 관계성이 무너져 존재의 바탕이 뒤흔들리는 일임을 실증하는 것이라고 할 수 있다.

---

3) 창세기 1장 26 내지 28.
4) 구약성서는 유대교(Judaism)뿐만 아니라, 그리스도교(Catholicism +Protestantism)와 이슬람교(Islamism)도 공유한다.

이처럼 심각한 상황에 직면하게 되자, 문득 떠오르는 것은 붓다의 가르침이다. 붓다께서는 흑림산의 고행림에서 무려 6년에 걸쳐 사람으로는 상상조차 하기 어려운 혹독한 고행 끝에, 그곳에서 그다지 멀지 않은 위치의 나이렌자나강 건너 나지막한 언덕에 의연히 서 있는 보리수 밑에 앉아 선사(禪思)하시던 중 12월 8일(음력) 이른 새벽 서쪽 하늘에서 유난히 빛나는 별과 눈이 마주치는 순간 문득 연기법(緣起法: causality)을 깨침으로써 성불하셨다는 것은 이미 잘 알려진 사실이다. 35세에 성불하시어 반열반에 드신 80세에 이르기까지의 45년 동안, 중생 제도와 제자의 지도를 위하여 펴신 가르침을 담은 초기경인 아함경(阿含経) 만해도 무려 183권 2,086경에 이르는 많은 양이고, 후기경인 이른바, 대승경전 또한 방대한 양이지만, 그 가르침의 근간을 이루는 근본교리는 연기법과 그 연장선상에 있는 '공'(空)이라고 할 수 있다. 우주는 어떤 의도도 없이 오직 우주의 근본법칙에 따라 이루어지고 움직일 뿐이며, 그 근본 법칙이 바로 연기법과 '공'(空: emptiness)임을 깨치신 것이다.

연기법은 뒤에서 설명하는 바와 같이 모든 '것'은 원인과 그에 걸맞은 조건의 화합으로 이루어지며, 연(緣)이 다하면 무너져 원래의 상태로 되돌아감을 말한다. 이에 대하여, '공'

은 모든 '것'은 인연이 닿아 여러 인자(因子)가 모여 구성된 것으로, 그 '것'은 얼마 동안 존재를 유지하면서 변하고 망가져 결국은 본래의 상태로 돌아가는 것이어서, 어느 '것' 하나 본래부터 그 자체로서 실체성(實体性: identity)을 지니는 것은 없다는 것, 곧 모든 '것'의 무실체성(無實体性)을 가리킨다. 그렇기 때문에, 연기법과 '공'의 원리는 당연히 모든 '것'은 서로의 연관 아래 이루어지게 하는 것, 곧 의존적 출현(依存的 出現: dependent arising)이 있어야 하는 것이고, 따라서 그 '것'이 존재를 유지하는 것도 상호의존관계(相互依存關係: inter-dependency)에 의하는 것임은 당연한 일이다.

그래서 이 세상에 존재하는 '것'치고 인연 없이 무(無)에서 생겨나는 '것'은 하나도 없고, 다른 '것'들과의 의존관계 없이 홀로 존재할 수 있는 것도 찾아볼 수 없다. 우리의 일상생활의 간단한 예를 몇 가지만 들어 보기로 하자. 우리는 아침에 눈을 뜨면 으레 이불(솜이나 동물의 털로 짠)을 젖히고 일어나, 비누(식물이나 동물의 기름으로 만든)를 사용하여 세수하고, 쌀로 지은 밥, 채소로 만든 김치나 샐러드, 달걀이나 연어 한 토막으로 아침 식사를 마친 다음 커피 한 잔을 마시고, 소가죽으로 만든 구두를 신고 직장으로 출근한다. 아침 출근할 때까지의 간단한 예만 보아도 동물, 어류, 조류와 식물에 이르기까지 의지하지 않는 것이 없을 뿐만 아니라, 그것을 기르는 농부와 어민과 축산업자 및 도축장은 물론, 그것들을 각 가정에서 이용할 수 있도록 유통에 종사하는 분들이 없이는 하루도 제대로 생활을 이어갈 수 없을 것이다.

앞에서 본 바와 같이 붓다의 수많은 가르침의 근간을 이루는 연기법과 '공'의 원리에서 당연히 나오는 모든 '것'의 관계성(關係性), 곧 상호의존관계(相互依存關係)를 보이는 구체적인 사례를 한두 가지 들어보려고 한다.

남아프리카공화국(Republic of South Africa)을 비롯한 주로 남부 아프리카에는 고대(古代)부터 전해오는 전통적인 격언으로 우분투(Ubuntu)라는 말이 있다. 우분투란 "나는 당신 때문에 있고, 당신은 내가 있기 때문에 있다."[5] 라는 뜻이라고 한다. 여기에서 '나'는 불특정다수의 '나' 곧, 일인칭대명사로 나타내는 모든 관계에서의 주체를 가리키고, '당신'은 '나' 이외의 모두를 가리킨다. 그러므로 우분투야말로 우리 모두의 삶에 있어서의 상호의존관계를 극명하게 나타내는 말이라고 할 수 있다. 남아공화국의 고 데스몬드 투투 대주교

---

5) Ubuntu의 뜻을 나타내는 원어는 "Unus pro omnibus, Omens pro uno."다. 철학자 Michael Onyebuchi Eze는 이를 "I am because of you are, and since you are, therefore I am."이라 영역(英譯)한다: Evan Thompson, Why I am not a Buddhist?, 2020, p. 188.

(Archbishop Desmond Tutu)가 아프리카의 평화유지를 위하여 폈던 이른바 '우분투운동'의 참뜻을 이해할 수 있을 것 같다.

한편, 탄자니아(Tanzania)를 동서로 가르는 울퉁불퉁한 자갈 길인 Route B144의 서쪽에는 광활한 평원인 셀렝게티 초원이 펼쳐져 있어, 풀이나 나뭇잎을 뜯어 먹고 사는 코끼리, 기린, 누우, 얼룩말과 임팔라 등은 물론, 육식동물인 사자, 자칼, 표범, 퓨마와 하이에나 등이 우글거리고, 강이나 물웅덩이에는 으레 하마와 악어가 은밀히 먹잇감을 기다리고 있다. 셀렝게티 평원에 있는 포유동물만 해도 약 25,000마리에 이른다고 하니 상황을 짐작할만하다. 이곳의 1년은 우기(雨期)와 건기(乾期)로 나누어져, 건기에는 햇볕이 내리쪼이는 더운 날이 계속되어 초원의 풀도 말라붙고 웅덩이는 물론, 강물마저 거의 말라붙지만, 우기가 되면 며칠 사이에 평원은 다시 푸르러지고 강과 웅덩이는 물로 채워져 동물들의 낙원으로 변한다. 동물들은 초식이 되었거나 육식이 되었거나 가릴 것 없이 자기가 필요한 만큼만 뜯어먹지, 앞날을 위하거나 새끼의 장래를 생각하여 무단히 사냥하거나 풀을 뜯어 따로 모아두는 법이 없으며, 사냥한 큰 짐승이 너무 커서 온 식구가 먹고 남으면 그대로 팽개치고 감으로써 다른 동물이 먹을 수 있도록 한다. 그렇기 때문에, 그곳에 서식(棲息)하는 동물이나 식물의 종(種: species)

이나 개체(個体) 수는 큰 변화 없이 유지되고 있다. 미국 위스콘신대학(U. Wisconsin-Madison)의 분자생물학 및 유전학 교수인 캐롤(Sean Carroll) 박사는 일정한 곳에서의 동, 식물의 종류와 수량을 조절하는 생태적 법칙이 있으며, 이를 세렝게티평원의 이름을 따서 세렝게티 법칙(Selengeti rule)이라고 부른다.[6] 세렝게티 법칙이야말로 자연생태계의 상호의존관계를 여실히 보여주는 좋은 예라고 할 수 있다.

우주의 원리가 이러함에도 불구하고, 서구적인 본질주의와 실재론(實在論)을 바탕으로 인간은 만물의 영장으로 우월한 존재라는 관념에 사로잡혀, 인간의 풍요와 편익을 도모한다는 미명 아래 무작정 자연을 훼손하고, 동, 식물을 남획하며, 좋아하는 것을 즐긴다는 구실로 아무것이나 먹어 치우는 것이 인간의 작태(作態)임을 볼 때, 이 같은 상황이 과연 언제까지 지탱할 수 있을지 큰 걱정이 아닐 수 없다. 가까이에 있는 어느 나라에서는 "네 발 달린 것은 책상을 빼고는 다 먹고, 나는 것은 비행기 외에는 모두 먹는다."는 말이 있을 정도라니, 한심스럽기 짝이 없다.

사람도 연기와 '공'의 법칙에 따라 여러 인자(因子)가 모임

---

6) Carroll, The Selengeti Rules, 2016, p. 7.

으로써 생겨나 그 존재를 유지하면서 변하고 쇠진(衰盡)하여 결국 원래의 상태로 돌아가는 존재라는 것을 안다면, 당연히 우리를 둘러싸고 있는 헤아릴 수 없이 많은 '것'들과의 상호 의존관계를 존중하고 소중히 여기는 가운데 서로 의존하고 도와가는 것이 마땅한 일임은 말할 나위조차 없다. 저자로서 는 작금 지구상에서 벌어지고 있는 심각한 현상과 재앙들은 인간이 다른 '것'과의 관계성을 도외시한 채 오로지 인간의 탐욕을 향하여 치달으며 절제되지 않은 생활을 일삼는 어리 석음에서 오는 과보로 여겨질 뿐이다.

이제라도 우리는 우주의 법칙이자 붓다 가르침의 근간인 연기법과 '공'의 원리에서 나타난 모든 '것'의 상호의존관계 를 되살려, 탐욕과 어리석음에서 벗어나 모든 '것'이 서로 어 울려 도우며 자유롭고 평화로운 나날을 즐기고, 하나뿐인 소 중한 이 지구가 우리 모두의 온전한 삶의 터전으로서의 역할 을 다할 수 있도록 비상한 노력을 기울여야 한다. 이 이상 지 금까지와 같은 미온적인 대증요법(對症療法)만으로는 문제의 심각성을 더할 뿐이다.

그러한 뜻에서, 이 책은 크게 두 부분으로 나누어 앞부분에 서는 우주의 법칙인 연기법과 '공' 및 그에서 자연히 드러나는 만물의 상호의존관계를 살펴보려고 한다. 그러나 이를 살펴보자니 자연히 붓다께서 중생제도를 위하여 펴신 가르침의 핵심이라고 할 수 있는 연기법과 '공' 및 사성제를 중심으로 살펴보지 않을 수 없음을 밝혀둔다. 뒷부분에서는 현대사회에서 지구적으로 직면하고 있는 근본적인 문제점과 그 해결책을 관견(管見)해 보려고 한다.

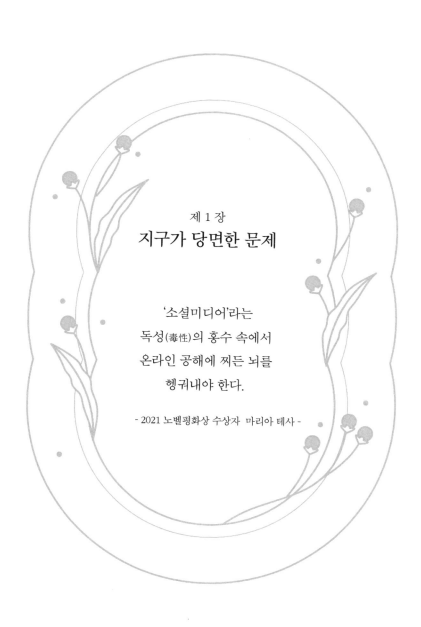

제 1 장
지구가 당면한 문제

'소셜미디어'라는
독성(毒性)의 홍수 속에서
온라인 공해에 찌든 뇌를
헹궈내야 한다.

- 2021 노벨평화상 수상자 마리아 테사 -

I. 현대사회가 안고 있는 근본적인 문제

오늘날처럼 다양한 이름으로 불리는 시대나 사회는 일찍이 없었던 것 같다. 정보화시대니, 디지털사회니, 인공지능시대라거나 4차 산업사회의 문턱 등 수많은 이름이 등장하고, 이들은 모두 나름대로 의미가 있다.

우선, 이처럼 많은 이름이 등장한 배경으로 1970년대 후반부터의 반도체 산업의 비약적인 발전에 힘입은 컴퓨터의 등장과 곧 이은 개인용 컴퓨터(PC.)의 개발 및 그에 발맞춘 휴대용 컴퓨터(Notebook PC.)의 출현으로 디지털화가 급격히 촉진되게 된 점을 꼽을 수 있다. 한편, 디지털화의 촉진은 자연히 이동통신수단(移動通信手段)의 눈부신 발전을 가져왔고, 그에 질세라 이동통신기기가 발달되고 양산됨으로써 거의 모든 사람이 손바닥 안에 드는 간편한 소형 이동전화를 소지하고 국내외를 가릴 것 없이 활용할 수 있게 됨으로써 세계적인 정보화시대가 열리게 되었음은 우리가 잘 아는 사실이다. '수단이 생기면 목적을 낳는다'는 말이 있듯이, 간편한 소형 이동통신기기가 등장하자, 사회관계망(SNS)이나 드라마(drama를 비롯하여 갖가지 콘텐츠(contents)의 앱-스토어(App.-store) 등이 개발되어 이동통신기기에 편승하여 이른바, 스마트폰이라는 괴물이 생겨나 몇 달이 멀다하고 약간씩 개량된 신형이 출시됨으로써 스마트폰은 현대사회의 상징물처럼 되었고, 특히 우리나라에서는 심지어 3, 4세의 어린아이들조차 가지고 놀 정도로 일상적인 것이 됨으로써 이제는 없으면 일상생활이 불편할 정도로 생활필수품이 되었다고 하여도 결코 지나침이 없을 것이다. 거기에 가상현실 또는 증강현실(VR. 또는 AR.)이니 인공지능(AI.)이니 하여 가상현실을 이용한 갖가지 간편도구까지 등장하고 있으니 더 할 말을 잊을 지경이다. 이러한 일련의 사태는 앞에서 본 바와 같은 갖가지 이름의 사회상을 연출하기에 충분한 것이 아닐 수 없다.

그러나 다른 한편에서는 그러한 디지털화의 일반적인 촉진이 빚어내는 부작용도 결코 만만한 것이 아니다. 일생을 아날로그(analogue) 방식에 의한 생활에 익숙한 노인층, 특히 고령층에 속하는 노인들은 컴퓨터가 보편화되었을 당시만 해도 '컴맹'이라는 애교 섞인 말로 불리는 정도였으나, 스마트폰을 주축으로 하는 인터넷시대에 접어들면서 '디지털 고려장' 감이 되었다고 해도 결코 지나침이 없을 정도의 상황이 되었다. 정부가 발표한 통계에 의하면, 70대 이상의 인터넷 이용률은 2016년에는 불과 25.9%에 지나지 않았고, 2020년에 이르러서도 40.3%라고 하니, 70세 이상의 노인들 가운데 약 60%는 스마트폰 등 인터넷기기에 친숙하지 않다는 것을 알 수 있다. 그러니, 스마트폰을 통한 '방역패스'인들 이들에게 무슨 의미가 있겠는가?

　오늘날 우리가 직면하고 있는 사회상을 흔히 '디지털 디바이드(digital devided)라고 표현하지만, 이는 오늘날 벌어지고 있는 정보격차를 뜻한다고 할 수 있다. 모든 것이 전자화된 사회에서 세대, 계층 등 거의 모든 분야에서 정보와 기술의 활용 능력에 차이가 남으로써 그로 인하여 발생하는 정보의 격차를 일컫는 말이지만, 그에 그치는 것이 아니다. 디지털화로 인하여 이득을 보는 자와 손해를 보는 자 사이의 간극과 그에 수반되는 모든 것을 포괄하여 나타내는 말로 쓰이는 것이 바로 '디지털 디바이드'라고 하는 것이 옳을 것이다. 최근 몇 년 동안 급격하게 최저임금이 상승함에 따라 은행을 비롯한 적지 않은 기업에서는 소형점포를 무인 키오스크(kiosk)[7]로 전환하는가 하면, 편의점 등에서도 인건비 절감을 위하여 아르바이트 직원을 해고하고 키오스크로 대체하는 경향이 두드러지게 나타났다. 그러니, 터치스크린에 익숙하지 않은 노인이나 휠체어를 타고 있는 장애인 등은 간단한 음식조차 주문하기 어려워진 셈이다. 그뿐만 아니라, 이러한 현상

───────────

7) 원래 '키오스크'(kiosk)란 터키나 이란 등 중동지방에서 정원에 설치하는 정자 정도의 것을 지칭하였던 것이나, 그 뒤 미국, 유럽 등에서 지하철 입구나 큰 광장 한 구석에 설치된 무인 신문, 화초 판매대나 공중전화 부스 등을 가리킨다.

은 누군가는 키오스크를 설치하는 일을 통하여 이익을 챙기지만, 아르바이트에 의존하던 청년들은 다른 일자리를 구하지 않으면 안 되는 새로운 문제를 빚어낸 셈이다.

그뿐만 아니라, 이른바, 소셜미디어로 대표되는 관심경제는 인간의 관심을 도구화하여 이윤을 추구한다. '소셜미디어'는 이용자의 관심을 더 오래 묶어두기 위하여 자극적 콘텐츠를 올림으로써 사람들의 관심을 박탈한다. 이른바, 가짜뉴스도 관심경제의 대표적인 예의 하나라고 할 수 있다. 사실, 확인도 제대로 하지 않은 속보(速報)에 독자들이 휘둘리다 보면 자기도 모르는 사이에 관심을 빼앗겨 주체적으로 사고(思考)하는 힘을 잃게 된다. 아무리 가까이 있는 것이라도 관심을 두지 않으면 제대로 보이지 않는 법임을 알아야 한다. 그렇다 보니, 거의 모든 디지털세대에 속하는 사람들이 틈만 났다 하면 손바닥 안의 스마트폰에 시선을 집중하고, 그에 매달리는 현상을 피하기 어려워진다.

II. 지구가 직면하고 있는 시급한 문제

우리의 삶의 터전인 이 아름다운 행성, 지구는 미증유(未曾

有)의 시련기에 처해 있다. 서둘러 그 위기를 극복하지 않는다면 돌이킬 수 없는 위기에 처할 위험이 충분히 예측된다는 것이 전문가들의 거의 공통된 우려임을 유의할 필요가 있다.

우선, 지구가 직면하고 있는 시급한 문제를 열거한다면 다음의 네 가지로 요약할 수 있다. 첫째로 들 수 있는 문제는 지구온난화로 인한 기후위기이다. 둘째로는 생태계의 파괴와 남획 등으로 인한 생물 종(種: species)의 급격한 감소를 들지 않을 수 없다. 셋째는 심각한 해양오염(海洋汚染: ocean pollution)이며, 마지막으로 들 것은 전염병의 창궐이다. 이들 문제는 어제오늘 알게 된 것은 아니고, 이미 20세기 말엽부터 그 심각성에 대한 경고음이 울리기 시작한 것을 우리는 잘 알고 있다. 그런 까닭에 이들 문제의 심각성은 이미 알려진 일인데도, 그에 대한 효과적인 대처를 하지 않고 지금에 이르렀을 뿐이다.

1. 지구의 온난화 문제

지구온난화(global worming)로 촉발된 기후 위기의 문제는 풍요와 편익을 향한 인간의 지칠 줄 모르는 탐욕을 향한 질주가 불러온 필연적인 결과라고 할 수 있다.

증기기관의 발명을 계기로 18세기 중엽에 영국을 중심으로 일어난 제1차 산업혁명은 증기기관의 가동을 위한 연료로 석탄이라는 화석연료가 있어야 함으로써, 석탄채굴은 물론 석탄을 사용한 각종 기기의 사용 증가로 말미암아 온실가스의 배출은 극적인 증가를 하기 시작하였다. 사실은 지구의 온도에 약간의 차이만 있어도 큰 변화를 불러올 수 있는데도, 사람들은 그 위험을 실감하지 못함으로써 별 관심 없이 오랜 기간을 헛되게 보낸 것에 유념할 필요가 있다. 그러면, 왜 태양광(太陽光: sun's radiation)은 기후변화를 일으키는가? 물리적으로 볼 때, 모든 분자(分子: molecule)는 미세한 진동상태에 있는데, 일부 분자는 더워질수록 진동 속도가 빨라짐으로써 주변의 온도를 높인다. 그 대표적인 것이 바로 이산화탄소와 메탄가스이다. 이들은 태양광을 흡수하여 온도를 높이는 데 적절한 구조를 지니고 있기 때문이다.

이 분야를 연구하는 학자들은 현재와 같은 상태가 그대로 유지된다고 가정하는 경우, 금세기 중반에는 지구의 기온이 섭씨 1.5도 내지 3도 올라가고, 세기말까지에 섭씨 4도 내지 8도가 상승할 것으로 예상함으로써 금세기 중반에는 큰 기후재난에 봉착하게 될 것을 경고하고 있는 실정이다. 그러나 기후재난은 이미 서서히 그 모습이 드러나고 있다. 지난 12월

21일 자 블룸버그 통신은 크리스천에이드가 발표한 2021년 도의 기후재난에 관하여 보도하였는데, 그에 의하면 크리스 천에이드는 2021년을 '기후 붕괴가 시작된 해'로 규정하면 서, 2021년에 벌어진 10건의 큰 기후재난만으로도 1.703 억 불(약 202조 원)에 달하는 손해가 발생하였다고 하였다. 크 리스천에이드가 2021년의 기후재난으로 든 10건 가운데 5 대 기후재난만 들어본다면 다음과 같다. 곧, 1) 제일 컸던 기 후재난으로는 2021년 8월 미국 동부를 강타함으로써 95명 의 사망자를 내고 650억 불 상당의 피해를 낸 허리케인 '아 이다'(hurricane Aida)가 꼽혔고, 2) 둘째로는 2021년 7월에 약 430억 불의 손해가 발생한 독일, 네델랜드, 벨기에의 대홍수 를 들었다. 3) 셋째로는 2021년 9월에 미국 테네시, 아칸소, 일리노이 등 중부에 불어닥친 토네이도(tornado)로 210명의 사망자와 약 230억불 상당의 피해를 발생시킨 것이며, 4) 넷 째로는 2021년 초가을에 중국의 허난성에 막대한 인명피해 와 약 176억불 상당의 손해를 가져다준 집중호수로 인한 대 홍수를 들었다. 5) 다섯째로는 2021년 11월 캐나다에 몰려 온 때아닌 폭우로 약 75억 불 상당의 피해를 가져 온 홍수를 들었다. 그 외에도 2021년 4월 프랑스를 엄습(掩襲)한 때 늦 은 한파(寒波), 2021년 3월 오스트리아를 괴롭힌 폭우와 역시 2021년 7월 중국에 몰아친 태풍 '인파' 등이 꼽혔다.

지구온난화의 직접적인 원인제공에 크게 영향을 미치고 있는 것은 전체 온실가스의 약 40%를 배출하는 세계인구의 약 16%에 불과한 부유한 나라들이라는 사실이다. 이들이 지구온난화의 문제를 잘 알면서도 계속하여 화석연료의 사용에 집착하는 이유는 무엇일까? 간단히 말한다면, 첫째로는 국민의 풍요로운 생활과 편익의 향상을 향한 부단한 욕망을 들 수 있고, 둘째로는 필요한 연료를 확보하기 위한 연료원(燃料源)으로 화석연료를 대체할 만한 저렴하고 양적으로 풍부한 경제적인 연료로서 안전한 것을 찾기 어렵다는 점이라고 할 수 있다.

물론, 경제적이고 청정한 연료의 확보원으로 원자력발전을 들 수 있으나, 안전을 이유로 거의 모든 원자력발전소의 새로운 건설을 기피하는 경향이 적지 않다. 미국에서 일어난 쓰리마일 섬(Three Mile Island)과 우크라아나 체르노빌(Chernobyl)의 원자력발전소 사고 이후 원자력발전은 세계적으로 큰 시련에 봉착하게 되었음을 우리는 잘 알고 있다. 그러나 석탄가스로 말미암아 1년에 죽는 사람의 수가 전체 원자력 발전상의 사고를 합친 희생자 수보다 많다는 것을 알 필요가 있다.

나아가, 하루 동안 세계적으로 필요로 하는 원유의 양은 대

략 40억 갤런에 달한다고 한다. 이처럼 수요가 많은 물건의 사용을 중단한다는 것은 쉬운 일이 아니다. 이러한 화석연료는 세계적인 규모로 각지에 분포되어 있을 뿐 아니라, 그 가격도 매우 저렴한 것이 매력적이다. 예컨대, 원유는 청량음료보다도 싼 것이 보통이다. 2020년 중반의 원유 1 배럴(barrel)[8]의 값은 약 $42이었으니, 갤런 당 $1정도인 셈인데, 도매상인 코스트코(Costco)에서 8리터의 탄산수 값이 $6이니 갤런 당으로는 $2.85인 셈이다. 이러한 화석연료의 사용 감소나 폐기가 어려울 것은 당연한 일이라고 아니할 수 없다. 그렇기 때문에, 화석연료가 발전에서 차지하는 비중은 약 60%에 달하고 있음을 유의할 필요가 있다.

발전용 연료별 비중

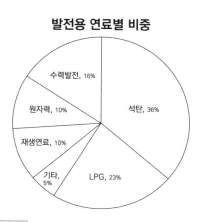

---

8) 1 배럴(barrel은 42갤런(gallon)이다.

한편, 온실가스를 배출하는 분야별 비중을 본다면:

제철소, 시멘트 공장 등	31%
전기 기기	27%
공장, 축산 등	19%
비행기, 선박, 트럭 등	16%
가정의 냉난방, 냉장고 등	7%

임을 알 수 있다.[9] 이 통계를 통하여 온실가스 배출의 대종 (大宗)을 이루는 것은 주로 제철, 시멘트 등 기간산업과 각종 공장의 가동 및 그와 관련되는 운송 수단임을 알 수 있고, 이들은 모두 우리 경제활동의 주축을 이루는 것들이다. 여기에 우리는 온실가스 감축이 쉽지 않은 또 하나의 문제를 엿볼 수 있다.

2. 생태계 훼손으로 인한 생물의 멸종

모든 생물은 각각 일정한 생태계에 적합하게 진화하여 각기 적응 가능한 생활환경을 가지고 있다. 그러니, 만일 그의 생존을 위한 생태계가 파괴된다면 새로운 환경에 적응하지 못한 것은 생명을 유지하기 어려워질 것은 분명한 일이

---

9) Bill Gates, How to Avoid a Climaate Disaster, 2021, pp. 55, 70.

다. 그렇기 때문에, 생태에 큰 변화가 생기면 살아남기 위하여 새로운 생활환경에 적응하기 위한 노력을 하거나, 새로운 생활환경을 개척하기 위한 노력을 계속하여야 하고, 이것저것이 모두 여의찮을 때는 멸종되고 마는 것은 어찌할 수 없는 일이다.

그동안 지구상에는 거대한 원시우림, 습지, 삼림이나 광대한 초원 등 미개발지가 많고, 그러한 미개발지는 정확한 수를 알 수 없으리만큼 많은 각종 생물이 쾌적하게 서식하거나 지구의 기후를 조절하는 등 보고(宝庫) 역할을 하여 왔음을 우리는 잘 알고 있다. 동물의 생태가 유지되기 위해서는 우선 먹이, 물 및 안전성이 확보되어야 함은 상식에 속한다. 그런데, 사람의 편익을 도모하기 위한 도로의 개통, 주택이나 공장의 부지를 확보하기 위한 공한지(空閑地)의 개발, 농경지 조성을 위한 원시우림의 벌채 등으로 세계의 미개발지는 매년 빠른 속도로 감소하여 세계에서 생물의 다양성이 가장 풍부한 곳인 원시우림의 반 정도는 이미 소멸하였고, 2020년 현재 세계미개발지 중 겨우 35% 정도만 남아 있다고 한다.[10] 특히 놀라운 소식은 세계 최대의 열대성초원인 브라질의 세하두 사바나(savanna)가 정부의 개발정책에 의하여 지난 2020.8부

---

10) David attenborough, A Life on Our Planet, 2020, p. 95.

터 2021.7까지 1년 사이에 서울 면적의 약 14배에 달하는 8.531㎢가 농경지 조성을 위하여 개발됨으로써 사라졌다는 것이다.[11] 오죽하면 산중에 있어야 할 멧돼지가 먹이를 찾아 내려와 밭에서 고구마를 파먹는가 하면, 그것도 모자라 마을까지 내려와 먹이를 찾아 쓰레기통을 뒤지다가 사람의 눈에 띄어 잡히거나 총에 맞아 숨을 거두겠는가? 가끔 신문을 통하여 보는 안타까운 기사다.

한편, 약용(藥用)을 빙자하거나 인간의 기호 또는 장식용으로 쓰기 위한 코뿔소의 코 뿔과 코끼리의 상아나 상어의 지느러미를 비롯하여 호랑이나 표범 등을 무분별하게 남획함으로써 가까운 장래에 도시의 동물원에서나 그 늠름한 모습을 볼 수 있을 것 같아 안타깝기 짝이 없다.

올해(2022년) 3월 중순 조선일보에 보도된 바에 의하면 지난겨울을 나면서 우리나라 양봉업자들의 꿀벌 약 77억 마리가 사라졌다고 한다. 이는 우리나라 양봉협회에 등록된 양봉 농가의 17.6%가 피해를 보았다는 이야기이다. 농촌진흥청 등에서 꿀벌의 대량 실종의 원인을 조사한 결과, 해충인 '응애'의 발생과 이상기후 등의 복합적인 작용으로 추정하는 것

11) 조선일보 20022. 1. 4. 참조.

같다. 우선, 벌통에서 꿀벌에 대한 해충인 '응애'거 발생하여 서식하였다는 것은 벌통 내부에 충분히 있어야 할 천연항생제로 불리는 프로폴리스(propolis)의 결핍으로 인한 것이 아닌가 싶다. 프로폴리스의 효능을 알게 된 사람은 벌통에서 프로폴리스를 채취하여 각종 약용으로 널리 활동하고 있는 실정이기 때문이다. 기후 온난화로 인한 영향은 이미 위에서 본 바와 같다. 문제는 꿀벌의 대량 실종은 딸기와 같이 열매를 먹는 채소와 과수(果樹) 등의 수분 작용에 직접적인 영향을 미치게 된다는 점에서 매우 심각한 일이 아닐 수 없다.

3. 해양오염

바다는 지구 표면의 약 70%를 차지하지만, 그 알 수 없는 깊이의 바다는 지구상 생물의 약 97%가 그곳을 삶의 터전으로 삼고 있다. 더욱이, 바다는 모든 생명의 발상지라고 하는 것이 정설이다. 한편, 그곳에 서식하는 생물의 다양성에 있어 육지의 원시 우림에 견줄만한 산호초(珊瑚礁: coral reef)는 그 색채나 생김새의 다양성은 물론, 수를 알 수 없으리만큼 많은 어류에게 먹이와 쉼터를 제공하는 바다의 오아시스임에 틀림이 없다.

그렇게 소중한 바다가 어리석은 사람들로 인하여 병들어

가고 있음은 물론, 사람의 삶에 없을 수 없는 소중한 먹이인 어패류(魚貝類)가 매우 빠른 속도로 고갈되고 있음을 직시하지 않을 수 없다.

육지의 모든 골짜기에서 흘러내리는 개울물은 시내를 거쳐 냇물과 합쳐지고, 냇물은 다시 흘러 강으로 흘러들어 얼만가를 흐르면 마침내 바다에 이르러 바닷물과 한 몸이 된다. 물은 이처럼 긴 여정(旅程)을 거치면서 냇가나 강가 또는 강기슭에 쌓인 각종 폐기물을 안고 흘러 바다에 들어가니, 바다는 문자 그대로 폐기물처리장 꼴이 되는 셈이다. 특히, 홍수라도 지게 되면 도도히 흐르는 물은 강 주변의 온갖 것을 다 쓸어간다. 그러나 이는 일종의 자연현상으로 치부할 수 있으나, 사람에 의한 폐기물의 의도적인 해양투기와 부주의로 인한 해양오염은 간과할 수 없는 정도에 이르고 있다. 곧, 생활폐기물의 의도적인 해양투기와 항해 중인 선박에서의 폐기물 투기는 물론이요, 원자력발전소의 방사능오염수의 해양방류 및 해양 사고로 인한 기름유출 등은 그 대표적인 예이다.

근년에 바다에는 지도에도 없는 4, 5개의 커다란 섬이 나타났다. 이른바, 플라스틱 섬이다. 하와이와 미국 본토 사이의 태평양에 한국 면적의 약 10배 정도 크기의 플라스틱 섬이 나타났다. 약 20년 된 그 섬은 인간이 버린 쓰레기로 된 것인데, 그 가운데 약 90%를 차지하는 것이 플라스틱이라고 한다. 남북미 대륙과 중국을 비롯한 아시아권에서 버려진 폐기물이 바다의 환류(還流)를 타고 돌다가 한곳으로 모여 섬이 된 것이다.

남태평양의 헨더슨 아일랜드(Henderson Island)도 비슷한 경우이다. 남미와 오세아니아(Oceania)의 연안 국가 및 아시아에서 배출된 플라스틱류가 환류를 타고 돌다가 한곳에 모여 섬처럼 된 것이다.

또, 러시아와 스칸디나비아 및 서유럽 등지에서 버려진 플라스틱 등 폐기물은 북해로 흘러들어 빙하와 만나 그 속에 갇혔다가 온난화로 인하여 빙하가 녹으면서 바다 위로 모습을 드러낸 것이니, 또 다른 플라스틱 섬이 나타나게 될 것은 뻔한 노릇이다.

한편, 어구(漁具)와 어선(漁船)의 발달 및 어획(漁獲) 방법의 과학화로 인하여 수산자원은 빠른 속도로 고갈되어 가고 있을 뿐 아니라, 어류의 멸종이 가속화되고 있음은 매우 우려되는 일이 아닐 수 없다.

4. 유행병의 창궐

21세기에 접어들면서 유행병의 만연으로 잠잠할 날이 없을 정도로 유행병이 부각(浮刻)되어 일상생활에까지 큰 영향을 미치고 있다. 먼저, 2002년에 중국에서만 해도 774명의 사망자를 낸 사스(SARS)가 세계적으로 위력을 보이더니, 곧이어 2012년에는 중동에서 유행하기 시작한 높은 치사율의 메르스(Mers)가 세계적으로 창궐하였고, 2019년 말에 중국의 우한에서 비롯된 것으로 알려진 코비드-19(COVID-19)가 전 세계로 확산하여 2년 뒤인 2021년 12월 25일 현재 무려 감염자 2,850만 명과 사망자 455만 명이라는 큰 희생자를 내고 아직도 수그러들 조짐을 보이지 않고 있다.

이들 세 가지 전염병들은 모두 같은 코로나바이러스(coronavirus)가 변형된 것으로, 코로나바이러스는 표면에 돌기(突起)가 있는 RNA 바이러스에 속하기 때문에, DNA 바이러스에 비하여 변종이 생길 확률이 높다.

지구상의 생물은 세포생명체(細胞生命体: cellular life)와 비세포생명체(非細胞生命体: noncellular life)의 두 가지로 대별할 수 있는데, 바이러스는 비세포생명체에 속한다. 바이러스는 지구상의 어느 생명체보다도 작으면서도 빠른 속도로 진화하는데도 인간은 그것에 관하여 아직도 잘 알지 못한다는 데에 문제가 있다. 특히, 바이러스는 그 스스로 살 수 없고 다른 생명체를 숙주(宿主)로 삼아 기생(寄生)하는 것이 특징이다. 바이러스, 특히 호흡기증후군의 질병인자(疾病因子)를 지닌 것은 주로 조류(鳥類)를 숙주로 삼기 때문에 과학자들이 조류독감에 특별한 관심을 두는 것도 그 이유라고 할 수 있다. 호흡기증후군 질병을 일으키는 코로나바이러스는 주로 조류를 숙주로 삼는 것이 통례이나, 먹이사슬을 통하여 박쥐[12] 등 조류등과 접촉하거나 그 배설물을 통하여 다른 동물이 중간숙주로서 인간과의 사이에 매체 구실을 하는 경우가 많다는 것도 간과할 수 없다. 그렇기 때문에, 가축이나 애완동물이 사람에게 코로나바이러스의 매체 구실을 할 수 있음은 당연한 일일 뿐만 아니라, 동물의 포획 또는 도살에 따른 혈액 내지 장기류 등의 취급을 통한 바이러스의 숙주 이동은 충분히 예상되는 일이 아닐 수 없다.

III. 지구가 직면한 문제들의 원인

이 우주와 그 속에 있는 헤아릴 수 없이 많은 별은 물론, 태양계의 작은 행성인 지구와 그 속에 존재하는 모든 '것'들은

---

12) 엄격히 말하면 박쥐는 조류라고 할 수 없다.

하나의 예외도 없이 우주의 연기법칙에 따라 생겨나 존재를 유지하면서 변하고 결국 사라진다는 것은 이미 과학적으로 설명되고 있는 바와 같다. 그러므로 연기법에 따라 생겨난 '것'들은 그 스스로 생겨나 스스로 존재를 유지할 수 있는 실체성이 없는 것이기 때문에 당연히 '공'의 원리에 따라 헤아릴 수 없이 많은 '것'들로부터 도움을 받으면서 그 존재를 유지할 수 있는 것임은 말할 나위조차 없다. 그러니, 다른 '것'과의 상호의존관계를 떠나서는 어느 하나 제 역할을 할 수 있는 것이 없음은 물론, 단 열흘도 견디기 힘들다는 것은 분명한 일이다. 이치가 이러함에도 불구하고, 인간중심주의에 현혹된 나머지, 다른 '것'과의 관계성을 외면하고 탐욕에 집착함으로써 지구환경을 파괴하고, 많은 희귀동물들을 멸종의 비극으로 몰아넣고 생태계를 교란하는가 하면, 인간의 생활에서 배출되는 각종 폐기물을 산야와 해양에 마구 투기하여 지구의 약 70%를 차지하고 헤아릴 수 없이 많은 해양생물의 삶의 보금자리인 해양을 크게 오염시키고 있으니, 한심스럽기 짝이 없는 일이다.

'공'이라는 우주의 법칙에 비추어 볼 때, 인간은 다른 생물보다 뛰어난 존재도 아니고, 다른 '것'들이 인간을 위하여 존재하는 것도 아니다. 그뿐만 아니라, 지구라는 이 태양계의 작은 행성은 인간의 편익을 위하여 존재하는 것이 아님은 물론, 이 지구에서 삶을 누리고 있는 모든 생물의 생활을 위한 터전이다. 노르웨이의 석학 아르네 내쓰(Arne Naess)가 말한 것처럼, "지구는 사람의 것이 아니다." 이치가 이러함에도 불구하고, 근거도 없는 인간우월주의 내지 인간중심주의적 관념에 사로잡혀, 지구를 개발의 대상으로, 지구상의 모든 '것'은 오로지 인간을 위한 것으로 착각함으로써, 끝을 알 수 없는 인간의 탐욕을 충족하기 위하여 지구를 마구 파헤침은 물론, 다른 생물의 평화로운 삶은 도외시한 것이 인간이 걸어온 발자취라고 할 수 있다. 그렇다 보니, 사람을 비롯한 모든 '것'의 상호의존관계는 찾아보기 힘들게 되었다. 일찍이 슈바이처 박사는 강조하기를 "우리가 모든 생명 있는 '것'에 자비를 베풀 때까지는 우리는 평화를 찾을 수 없을 것이다." 라고 천명한 것이 생각난다.

우리는 생태계의 자연법칙이라고 할 수 있는 세렝게티법칙(Serengeti rules)을 상기할 필요가 있다. 지구상의 모든 존재는 작게는 사람이나 여러 동물의 육체를 구성하고 있는 분자와 세포의 종류 및 수량에서부터 크게는 생물의 개체수와 양식에 이르기까지 우리의 눈에 보이지 않는 엄격한 규칙의 지배를 받고 있다는 것이다. 씨안 캐럴 박사(Sean Carroll)는 "왜 지구는 푸른가? 왜 동물들은 먹이를 모두 먹어 치우지 않는가? 어느 곳에서 특정한 동물이 모두 없어지면 무슨 일이 생기는가? 이러한 질문은 마치 몸 안에 있는 종류별 분자와 세포의 수를 규율하는 분자 규칙이 있듯이, 일정한 장소의 식물과 동물의 종류와 수량을 규제하는 생태계의 규칙이 있음을 알게 할 것이다."[13] 라고 단언하였는데, 바로 우주에 존재하는 모든 '것'의 상호의존관계를 실현하게 하기 위한 구체적인 자연의 법칙을 천명한 것이라고 할 수 있다.

앞에서 간략히 살펴본 바와 같은 지구가 직면하고 있는 문제들은 분명히 인간의 모든 '것'과의 관계성에 대한 무지몰각(無知沒覺)에서 비롯된 인재(人災)임이 틀림없다. 과연 그렇다면, 지구적 재난에 효과적으로 대처하려면 먼저 모든 '것'과의 상호의존관계의 바탕인 연기법과 '공'의 원리를 제대로 이해해야 함은 당연한 일이다. 그러한 뜻에서, 다음 장(章)부터 연기법과 '공'을 비롯한 몇 가지 붓다의 근본 가르침에 관하여 설명하기로 한다.

---

13) Carroll, The Serengeti Rules, 2016, p. 7.

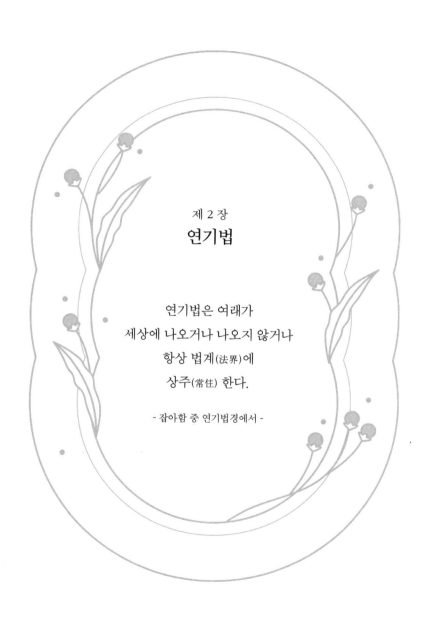

제 2 장
연기법

연기법은 여래가
세상에 나오거나 나오지 않거나
항상 법계(法界)에
상주(常住) 한다.

- 잡아함 중 연기법경에서 -

I. 연기법의 개념

1. 연기법이란?

연기법은 붓다께서 펴신 수많은 가르침의 근간이 되는 것으로서, 붓다는 보리수 아래에서 연기법을 깨치심으로써 성불하셨음은 널리 알려진 사실이다. 연기법은 "연기를 보면 곧 법을 보고, 법을 보면 곧 연기를 본다."[14]라고 하실 만큼 불교에서의 중요한 교리인바, 연기법은 "여래가 세상에 나오거나 나오지 않거나 우주에 항상 머문다."[如來出世及未出世 法界常住][15] 라고 하신 것과 같이 시간과 공간을 초월하여 보편타당성을 가지는 진리이다. 붓다께서는 잡아함의 연기법경에서 밝히신 바와 같이 연기법을 스스로 깨침으로써 성불하시어 중생을 위하여 분별하고 드러내 보이신 것이다.[16]

연기(緣起)란 한 마디로 말한다면 "......으로 말미암아 일어난다."는 것, 곧 다른 무엇인가와 관계에서 일어나는 현상계의 법칙이라고 할 수 있다. 나무가 자라 꽃이 피고 그 꽃을 찾는 벌이나 나비로 인한 수분(受粉)으로 열매를 맺어 그 속의

---

14) 중아함 7: 30 상적유경 중에서.

15) 잡아함 12: 299) 연기법경 중에서.

16) 위 참조.

씨앗이 여물며, 땅에 떨어진 열매 속에서 겨울을 난 씨앗이 봄이 되어 해동(解冬)한 땅 기운과 녹아내린 적당한 물 그리고 따스한 햇볕을 받아 싹이 트면서 땅에 뿌리를 내리는 단순한 과정만 보더라도 연기의 관계를 쉽게 이해할 수 있다. 결국, 모든 현상은 아무런 원인이나 조건도 없이 스스로 또는 우연히 이루어지는 것은 하나도 없고, 반드시 어떤 원인과 그에 어울리는 조건이 있어 그에 걸맞은 결과가 나타나는 것이다. 그러므로 어떤 현상이 생기고 사라짐에 대한 올바른 지식을 갖게 된다면, 우리는 나쁜 결과를 피하고 바람직한 좋은 상태를 실현할 수 있다.

붓다께서는 잡아함의 법설의설경에서 연기법에 관하여 "무엇이 연기법의 법의 말인가? 이른바, 이것이 있기 때문에 저것이 있고, 이것이 일어나기 때문에 저것이 일어난다는 것으로, 무명(無明)을 인연하여 뜻함[行]이 있고 내지 순수한 큰 괴로움의 무더기가 모인다. 이것을 연기법의 법의 말이라 하느니라."[17]라고 하시어, 2지 인연(二支 因緣)으로부터 12지 인연(十二支 因緣)까지를 묶어 간략히 설명하였다. 연기법의 내용에 관해서는 가장 소박한 2지 인연과 주로 사람의 생로병사(生老病死)와 괴로움과 연관된 12지 인연을 비롯하여 여러 가

---

17) 잡아함 12: 298 법설의설경 중에서.

지 설명 방법이 있으나, 붓다께서는 앞에서 본 바와 같이 2지와 12지 인연을 중심으로 말씀하셨다.

2지 인연은 위의 설명으로도 알 수 있는 바와 같이, "---때문에 ---있고, --- 때문에 ---있다."와 같이, 원인과 그 원인으로 인한 결과의 관계라는 극히 단순하고 도식적(図式的)인 설명으로 연기법을 설명하는 방식이다. 이에 대하여, 12지 인연은 사람이 태어나서 삶을 이어가며 늙어 가면서 병을 앓다가 죽음을 맞이하며, 삶을 유지하는 과정에서도 괴로움의 늪을 벗어나지 못하는 현상을 염두에 둔 12고리로 인연 관계를 설명한 것으로서, 가장 대표적인 연기법의 내용으로 꼽힌다. 여기에서 12고리란 어리석음[無明], 뜻함[行], 의식[識], 정신과 육체[名色], 감각기관인 육처[六入], 닿음[触], 느낌[受], 애욕[愛], 잡음[取], 존재[有], 남[生]과 노병사[老病死]의 열두 고리이다. 이 열두 고리가 각각 앞엣것이 그 뒤엣것과 원인과 결과의 관계를 유지하면서 발전하여 결국 태어남을 만들고 태어나기 때문에 늙어 병들고 죽는다는 결과를 낳는다는 것이다. 그러므로 위에서 본 12고리는 각각 앞엣것의 결과임과 동시에 뒤엣것의 원인이 되는 이중적 구실을 함을 알 수 있다.

2. 인과와 연기

인과관계(因果關係)는 위의 2지 인연에서 본 바와 같이 원인이 있고 그 원인으로부터 직접 결과가 생기는 전형적인 인과도 있지만, 대부분의 경우는 원인이 있고 그 원인이 결과를 낳게 하기에 알맞은 조건이 곁들여 결과를 낳게 되는 것이 보통이다. 이 경우, 원인을 도와 결과를 낳게 하는 것을 '연'(緣)이라 부른다. 원인을 도와 결과를 낳게 하는 조건을 가리킨다. 같은 원인이라 해도 그 원인을 실현하게 할 조건에 따라 결과를 낳는 시기나 상태, 나아가 조건의 실현 여부가 갈린다는 것은 우리가 일상에서 경험하는 일이다. 예컨대, 한 밤나무에서 딴 같은 밤송이 속의 세 개의 밤을 하나는 햇볕이 잘 들고 물기가 있는 곳에 심고, 다른 하나는 토박한 곳에 있는 큰 나무 밑에 심었으며, 마지막 하나는 개천가에 심었다. 그러자, 같은 밤송이 속의 밤 세 개를 같은 날 심었는데도 양지 바르고 물기가 있는 곳에 심은 밤은 일찍 싹이 터서 잘 자라고 있는데, 토박한 곳의 큰 나무 밑에 심은 밤은 한 달쯤 뒤에야 싹이 텄지만 자라는 것이 신통치 않고, 개천가에 심은 다른 하나는 영영 싹이 트지 않고 말았다. 이는 식물의 씨앗이 싹을 틔우고 자라는데 필요한 기본적인 조건인 햇볕과 수분이라는 조건이 각각 달랐기 때문에 일어난 결과의 차이인 것이다. 결국, 같은 나무에 열린 씨앗도 떨어질 때의 상황, 떨어진 위치, 떨어진 상태 등에 따라 운명이 달라지는 것임을 알 수 있으며, 심지어 같은 나무의 열매도 맺은 위치나 상태에 따라 모양이나 맛은 물론, 익는 상태조차 차이가 남을 알 수 있다. 그뿐만 아니라, 모든 것은 시기나 조건 등의 '연'에 따라 그것이 지니는 의미 자체가 달라질 수 있음을 이해하여야 한다. 예컨대, 악기인 바이올린은 기악연주가나 음악애호가에게는 악기임이 분명하다. 그러나 어린아이에게는 소리나는 장난감이고, 고물장식가에게는 실내 장식품이며, 겨울밤 선방에 앉은 단하선사(丹霞禪師)에게는 하룻밤의 땔감이 될 것이다. 그러므로 어느 '것' 하나 고정되고 불변하는 본성(本性)은 없고, 시기와 주어진 조건에 따라 그 '것'의 의미와 효용이 달라진다고 할 수 있다.

  붓다께서는 결과를 낳게 하는 인(因: cause), 곧 원인을 정인(正因)과 연인(緣因)의 둘로 나누어 설명하였는데, 정인은 연의 도움 없이 결과를 낳게 하는 직접적인 원인을 가리키고, 연인은 인이 과(果)를 낳게 하는 조건의 존재를 필요로 하는 원인을 가리킨다.[18] 볶은 커피-빈은 아메리카노나 에스프레소의 정인이 되는 데 대하여, 우유는 버터의 연인이라고 할 수 있다. 원인이 결과를 낳기 위해서는 그에 걸맞은 조건을 필

---

18) 저자, 열반경역해 (하), 2018, 17쪽.

요로 하는 경우가 보통이고, 통상적으로 연기법이라고 부르는 것도 그와 전혀 무관하지 않은 것 같다.

II. 연기법경으로 본 연기법

붓다께서 어느 말 다루는 마을에 계신 때에 어떤 비구가 찾아와서 공손히 예를 올리고 여쭙기를

"세존이시여! 연기법은 세존께서 만드신 것입니까? 아니면, 다른 누가 만든 것입니까?"라고 물은 데 대하여 붓다께서 답하신 것을 잡아함의 연기법경은 다음과 같이 전한다.

"연기법은 내가 만든 것이 아니요, 또한 다른 사람이 만든 것도 아니다. 그러나 그것은 여래가 세상에 나오거나 나오지 않거나 법계에 항상 머물러 있다. 여래는 이 법을 스스로 깨닫고 등정각을 이루어, 모든 중생을 위하여 분별하여 연설하고, 드날리고 드러내 보이느니라. '이것이 있기 때문에 저것이 있고, 이것이 일어나기 때문에 저것이 일어난다.'는 것이다. 이른바, 무명을 인연하여 뜻함이 있고, 내지 순전한 큰 괴로움의 무더기가 모이며, 무명이 사라지기 때문에 뜻함이 사라지고, 내지 순전한 큰 괴로움의 무더기가 사라지느니라."

라고 친절히 설명하셨다. 위의 가르침은 연기법에 관한 다음에서 보는 바와 같은 중요한 의미를 엿볼 수 있게 한다.

1. 연기법의 법계 상주성

먼저, 연기법은 법계(法界: Dharmadhatu)에 항상 머물러 있는 자연의 법칙이지, 누군가가 만들어낸 것이 아니라는 것이다. 여기에서 법계란 우주만유(宇宙万有), 곧 우주에 있는 모든 '것'을 가리키는 것이 보통이며, 우주 자체를 법계라고 부르는 예도 있다. 화엄사상에서의 법계무진연기(法界無盡緣起)는 법계에 존재하는 것은 천차만별이지만 서로가 모두 인과 관계에 있는 것이지, 어느 하나도 스스로 존재하는 것은 없다고 보는 점에서 법계 상주성을 나타내는 관념과 맥락을 같이 한다.

연기법이 법계에 상주한다는 것은 연기법은 시공(時空)을 초월한 우주의 자연법칙이라는 뜻이다. 우선, '법계'는 공간적이고, '상주'는 시간적이기 때문이다. 그러므로 연기법은 어떤 때에는 존재하다가 어떤 때에는 소멸하는 것이 아니라, 언제나 우주와 함께하는 자연의 법칙일 뿐만 아니라, 그것은 어느 별이나 은하 및 어떠한 존재에도 타당한 법칙이라는 것이다. 연기법은 법계에 항상 두루 존재하는 자연의 법칙이기 때문에, 우주에 있는 모든 '것'이 관계성을 유지하는 가운데 조화롭게 운행될 수 있는 것이라고 할 수 있다. 만일, 연기법이 지구라는 행성에만 타당한 것이라거나, 언제는 연기법이 작용하다가 어느 때에는 작용하지 않는다고 가정한다면 법계는 혼돈을 면하기 어려울 것이다.

2. 인연과 결과의 상대적 의존성

연기란 모든 '것'은 인연에 따라 생겨 존속하다가 소멸함을 뜻한다는 것은 앞에서 살펴본 바와 같다. 붓다께서 연기법경에서 분명히 하신 것처럼, "이것이 생겼기에 저것이 생기고, 저것이 일어나므로 이것이 일어난다."라는 것, 곧 《능가경》에서 말씀하신 대로 인연생기(因緣生起)이다. 여기에서 '이것'과 '저것'은 원인과 결과의 관계에 있는 것인데, '이것'이라는 원인이 '저것'이라는 결과를 낳기 위하여 원인에 연(緣), 곧 일정한 조건의 개입을 필요로 하는 경우와 아무런 조건의 개입도 없이 원인이 바로 결과로 이어지는 경우가 있는 것이어서, 원인과 결과는 상대적인 관계에 있는 것이다.

한편, 원인과 결과는 각각 언제나 원인과 결과로서의 의미만 있거나 작용하는 것이 아니라, 원인이 다른 것의 결과일 수도 있고, 결과가 다른 것의 원인으로 작용하는 상대적인 관계에 있다. 예컨대, 12지 인연의 경우 무명(無明)의 과(果)인 뜻함[行]은 그 뒤의 인식[識]에 대해서는 인(因)이 되고, 인식은 명색(名色)의 인인 것과 같다. 그러므로 인식은 뜻함의 과임과 동시에 명색의 인이 되는 것임을 알 수 있다.

III. 중론과 연기

1. 팔불과 연기

연기법과 뒤에서 볼 '공'을 논리 정연(整然)하게 체계화하여 설명한 것은 용수보살(龍樹菩薩: Nagarjuna)이라고 할 수 있다. 그는 2, 3세기 남인도의 브라만 집안에 태어났으나, 뒤에 불교에 귀의하여 특히 대승불교의 이론 체계화에 크게 이바지하였고, 주요 저서로는 대지도론(大智度論) 100권, 십주비바사론(十住毘婆沙論) 17권과 중관론(中觀論) 4권 등이 있으며, 중관론은 흔히 중론(中論)으로 불리고 있다. 특히, 그는 중관론(Madhyamaka-Sastra)을 통하여 연기법과 '공'의 원리에 관한 이론적인 체계를 확립함으로써 불교의 발전에 크게 이바지 하였다.

용수보살은 중론의 제1 관인연품(觀因緣品) 모두(冒頭)에서 그의 유명한 팔불(八不)을 들어 설명함으로써, 붓다께서는 연기법을 드러내 보이시고 가르치시어 항간의 갖가지 희론을 잠재우셨음을 분명히 하였다. 용수보살이 제시한 팔불이란 생겨나지 않고 또한 사라지지도 않으며, 항상 하지 않고 또한 단절되지도 않고, 같지 않고 또한 다르지도 않으며, 오는 것도 아니고 또한 가는 것도 아니다 [不生亦不滅, 不常亦不斷, 不一亦不異, 不來亦不出]라는 것으로, 붓다께서는 불법을 알게 하시려고 우선 성문법(聲聞法)에서는 12연기를 말씀하시고, 대승법(大乘法)에서는 연기의 상(相), 곧 과정을 말씀하셨다고 하였다. 원래 모든 '것'은 자성(自性), 곧 그 스스로 본래부터 간직하고 있는 본질이란 것이 없고, 더욱이 여러 가지 인연 속에 자성이 있을 수 없다는 것은 '연'의 성질상 당연한 일이다. 붓다는 《능가경》에서 "연기는 성품(性品)이 '공'하다. 성품이 '공'하므로 연기한다."[緣起性空 性空緣起]라고 하시어 연기에 자성이 없다는 것을 분명히 밝히셨다. 그와 같이 모든 '것'은 자성이 없으니 스스로 생겨날 수 없음은 당연한 일이어서, 오직 연기할 뿐이다.

2. 연기와 모든 '것'의 상호연관성

우주 공간에 존재하는 모든 '것', 곧 크게는 별이나 행성과 같은 천체부터 작게는 동·식물과 같은 생명체는 물론, 돌덩이나 강판(鋼板)과 같은 무기체(無機體)에 이르기까지 모든 '것'은 그 어느 하나 스스로 생겨나 스스로 존재할 수 있는 것은 없을 뿐만 아니라, 기간의 차이는 있지만 모두 언젠가는 그것으로서의 존재를 마치고 사라져 원래의 상태로 돌아간다. 결국 자생(自生)하거나 자재(自在)하는 것은 하나도 없을 뿐만 아니라 영원히 존재하는 것도 없다. 제행무상(諸行無常)이다. 모든 것은 무엇인가의 원인이 있고 알맞은 연(緣), 곧 조건이 갖추어져 쿼크(quark)나 전자(電子: electron), 광자(光子: photon)와 같은 극미립자들이 결합하여 이루어진 것으로 연기(緣起)의 산물이다. 그러므로 모든 '것'은 원자(原子: atom)의 결합체라고 할 수 있다.

　모든 것은 본래부터 존재하거나 스스로 생겨나 스스로 존재를 유지할 수 있는 것이 아니라면, 어떻게 그 존재를 유지할 수 있을까? 연기의 결과 다른 무엇이 모여 생겨난 것은 스스로 그 존재를 유지할 수 있는 것이 아니어서 같은 운명에 있는 다른 모든 것과의 밀접한 연관관계 속에서 서로가 어울려 도움을 유지함으로써 존재할 수 있음은 당연한 일이라고 할 수 있다. 우리나라에서 흔히 볼 수 있는 평범한 저녁 밥상의 예를 들어보자. 우선, 밥은 쌀이 없이는 지을 수 없다. 쌀은 농민들이 봄이 채 오기 전부터 준비하여 가을철이 되어 수

확할 때까지 땀 흘려 가꾼 벼를 거두어들임으로써 얻을 수 있는 1년생 식물의 씨앗이다. 이러한 식물이 잘 자라 풍성하게 씨앗을 거두어들이기 위해서는 따뜻한 날씨와 햇볕 및 알맞은 양의 비가 필요하다. 다음으로 한국인의 밥상에는 거의 빠지지 않는 것이 김치다. 김치 역시 농민들이 힘들여 가꾼 배추와 무에 소금, 고춧가루 및 소량의 젓갈 등을 첨가하여 발효시킨 것이다. 거기에 생선구이가 추가되거나 생선, 돼지고기, 쇠고기에 무나 감자 등을 넣어 만든 찌개가 오르는 것이 보통이다. 생선은 두말할 것도 없이 주로 바다에 사는 어류이니 당연히 어부의 손을 거쳐야 하며, 돼지나 소는 인간이 야생의 돼지나 소를 가축화함으로써 지금은 그 고기는 축산 농가를 통해서 얻어지는 것임은 누구나 아는 일이다. 결국, 인간이 존재를 유지한다는 것은 우리의 이웃은 물론, 헤아릴 수 없이 많은 동·식물과 햇볕, 공기, 물, 기타 많은 것과의 밀접한 연관관계를 맺는 가운데 이루어지는 것임을 알 수 있고, 이러한 관계는 비단 사람에 국한되지 않고, 인연의 화합으로 생겨난 모든 것에 해당하는 일임을 알 수 있다.

제 3 장
공

인연으로부터 생겨나지 않은 것은
하나도 없다.
그러므로 모든 '것'은
'공'아닌 것이 없다.

- 중론 제24 관사제품(觀四諦品)에서 -

I. '공'의 개념

우리는 불문(佛門)이나 불자(佛子)를 일명 공문(空門)이나 공문자(空門子)라고 부를 만큼 '공'(空)은 불교의 근본적인 교리이다. '공'은 초기불교 당시에는 '무아'(無我: anatman)라는 용어로 가르쳤으나, 후에 '공'이라는 용어와 혼용되다가 대승초기(大乘初期)의 반야부경(般若部経)에 이르러 '공'의 관념이 일반화되기에 이르렀고, 그 뒤 약 2세기경에 위에서 설명한 바와 같이 용수보살(龍樹菩薩: Nagarjuna)이 그의 중론에서 연기론과 함께 '공'의 교리를 이론적으로 체계화하였다. '공'의 관념이 널리 보급된 시기에 중국의 유마거사로까지 불린 방거사(龐居士)와 유일대사(有一大師)의 법담(法談)으로 유명한

"숲에 십 년을 앉아 '공'을 보아
마음이 '공'함과 법 또한 '공'함을 알았으나

[林下十年坐觀空　了得心空法亦空]

마음과 법이 함께 '공'함은 아직 부족하고
'공'도 함께 '공'한 것이 되어야 비로소 참 '공'이니라."

[心法俱空猶未極　俱空空後始眞空]

라는 사구게(四句偈)를 통해서도 알 수 있듯이 '공'은 흔히 말하는 내용인 인공(人空, 心空이라고도 함)과 법공(法空)의 뜻은 물

63

론, 한 걸음 나아가 공공(空空), 곧 '공'이라고 하면 집착하기 쉬운 '공' 그 자체도 또한 '공'한 것임을 이해함으로써 비로소 제대로의 참 '공'을 알게 된다는 것이지만, 무엇인지 어렴풋이 보일 듯 말 듯 하는 것이 있는 것 같다. 그래서 로버트 라이트(Robert Wright)는 그의 저서 "왜 불교는 진실한가?"(Why Buddhism Is True?)에서 "우리가 보는 본질 또는 실체는 불교의 개념인 '공'의 중심이다. 적어도 그것이 결여되어 있다는 것은 '공'의 관념의 중심이다. '공'의 관념은 우리가 이 세상에서 보는 '것'들은 어떤 의미에서는 존재하는 것이지만, 그것들은 본질 또는 실체라고 하는 것이 결여되어 있다." 라고 명기(明記)한 것이다.

1. '공'이란

한마디로, 여러 가지 인연의 화합으로 생긴 존재를 가리켜 '공'이라고 한다. 모든 '것'은 여러 인연이 갖추어지고 화합하여 생기는 것이고, 이처럼 생긴 '것'은 본래부터 그 스스로 존재하는 것이 아님은 물론, 스스로의 힘으로 생긴 것도 아니어서 그 스스로의 실체(實体)가 없기 때문에 '공'한 것이다. 그러므로 '공'은 모든 '것'은 실체성(實体性)이 없다는 것, 곧 무실체성(無實体性)을 가리키는 말이다. 스스로의 힘[自力]으로 생겨나지 못함은 물론, 생겨났다고 해도 얼마 동안 존재하다가 그 스스로의 존재[自存]를 유지하지 못하고 반드시 사라지는 것의 실체성(實体性)을 인정할 수 없다는 것은 당연한 일이다.

용수보살이 그의 중론에서 "만일 '공'이 없다면 어떠한 존재도 있을 수 없다."라고 한 뜻을 이해할 만하다. 우리가 아는 이 우주는 무량무진(無量無盡)한 공간으로, 그 공간은 모든 것의 원천이며, 그곳은 바로 모든 것이 생기고 존재하며 활동하는 터전이다. 그래서, 모든 것은 '공'에서 왔다가 '공'으로 돌아간다고 하는 것이며, 비었기 때문에 원자도 에너지도 존재가 가능하다는 것은 의심의 여지조차 없는 일이다. 일찍이, 데카르트(Rene Descartes)의 설명에 의하면, 원래 티끌들(dust particles)이 뒤죽박죽 뒤섞여 소용돌이치는 공간으로 시작된 우주가 주로 중력(重力: gravity)에 끌려 비교적 큰 덩어리를 중심으로 모임으로써 별(star)들이 되고, 수많은 별이 모여 은하(銀河: galaxy)를 이룸은 물론, 각 은하에는 별의 주변을 도는 행성, 또 그 주변의 소행성과 그들의 집단 및 수를 알 수 없을 정도의 혜성들이 밤하늘을 장식하고 있다. 어디 그뿐인가? 우주는 원자나 에너지 등을 비롯하여 이름조차 알 수 없는 암흑물질(暗黑物質: dark matters)과 암흑에너지(暗黑에너지: dark energy)로 가득하여, 그 생멸과 이합집산의 과정이 눈부시게 전개되고 있음은 이미 잘 알려진 사실이다. 그러니, 우주를 가득히 장식하고 있는 갖가지 별들은 물론, 우주에 널려 혹은 별의 한 부분이 되거나 혹은 다른 물질을 이루게 된 '것'도 본래부터 그러한 실체(實体: reality)로 존재한 것이 아니라, 어느 시점인가의 조건에 따라 여러 원자와 가스 등이 모여 만들어낸 것에 불과하다. 그렇기 때문에, 그러한 '것'들은 그 수명이 인간보다 월등히 길어 실감하기는 어렵지만, 설혹 그 존재기간이 길더라도 언젠가는 부서져 사라질 운명에 있는 것만은 분명한 일이며, 여기에 우리는 '공'의 모습을 이해할 수 있는 것이다.

2. '공'은 무(無)가 아니다

'공'을 무(無)로 잘못 이해하는 예가 있으나, '공'과 '무'는 전혀 다른 차원의 것이다. '무'는 아무것도 없다(nothing)는 뜻이나, 엄격히 말하면 이 세상에 진정한 의미의 '무'는 없다는 것이 과학적 정설(定說)이다. 혹은, 진공상태(眞空狀態: vacuum)에는 아무 '것'도 없는 것 아닌가? 라고 반론을 제기할지 모르나, 아무 '것'도 남김이 없이 모든 '것'을 제거하고 이른바, 진공의 상태를 만들어도 낮은 수준의 양자장(量子場: quantum field)과 전자기장(電磁氣場: electromagnetic field) 및 거기에서 자연히 튀어나오는 입자(粒子: particle)들은 그대로이고, 이러한 상태가 과학자들이 말하는 '진공'이라는 것이다. 그래서, 갈

파드(Christophe Galfard) 박사는 "이 세상에 아무것도 없는 것과 같은 것은 없다."라고 단언한 것이고, 일찍이 이를 예언한 네덜란드의 헨드리크 카시미르(Hendrik Casimir)의 이름을 기려 카시미르 효과(Casimir effect)라고 부르게까지 되었음은 널리 알려진 일이다. 결국, '공'은 '무'가 아님이 분명한 일이다.[19] 그뿐만 아니라, 아무것도 없는 데에서 무엇인가를 만들어낸 다는 것은 아무리 우주의 신비라고 해도 있을 수 없는 일이라는 것은 현대물리학에서 공인된 일이다.[20]

한편, 팔천송반야경(八千頌般若経) 제18품을 보면 수보리 존자가 붓다께 "세존이시여! 여래께서는 일체법은 빈 것이다. 라고 말씀하셨습니다."라고 말씀드리자, 붓다께서는 "수보리여! 무릇 비어있는 그것은 또한 무진(無盡)이니라. 비어있는 성품인 그것은 무량(無量)이니라. 수보리여! 이러한 것들은 단지 말로서, 여래에 의하여 이야기되고 표현되고 있느니라. 이는 교설을 완성하기 위한 설명으로서 여래에 의하여 설해지는 것이니라."라고 말씀하신 것을 알 수 있다. 이는 공성(空性)이라는 것도 편의상 붙여진 이름이라는 것이다. 무엇이 '공'하다는 것은 그것이 그것으로서의 실체가 없다는

---

19) Galfild, The Universe n Your Hand, 2015, pp. 217, 218.
20) Ibid, p. 230.

것이다. 일반적으로 '공'이라는 말은 "비었다" 거나 "없다" 는 뜻으로 이해되기 쉽기 때문에, '공'이란 아무것도 존재하지 않는다는 뜻으로 받아들이는 예가 적지 않다. 그러나 언어가 오해되는 것은 언어 자체가 실체가 없기 때문이다. 여기에서 말하는 '공'이라는 것은 앞에서 본 바와 같이 아무것도 존재하지 않는다는 뜻이 아니다. 모든 '것'은 자생(自生) 자존(自存), 곧 스스로 생겨나 스스로의 힘으로 존재를 유지하는 것이 아니어서, 스스로 생겨나 독자적으로 존재를 유지할 수 있는 자성(自性)이 없는 것이고, 바로 그와 같이 그 자체로서의 자성, 곧 실체가 없는 것을 가리켜 '공'이라고 부르는 것이다.

만일 '공'은 무(無), 곧 아무 것도 없는 것을 뜻한다고 가정한다면, 이 지구상의 생물들이 과연 생명을 유지할 수 있을지 의문이 아닐 수 없다. 사람을 비롯한 동물은 빠짐없이 숨을 쉬면서 산다. 숨을 쉬지 않고는 단 5분을 견디기 어렵다. '죽는다'는 것은 날숨을 쉰 뒤에 들숨을 쉴 수 없는 것, 곧 숨이 나간 뒤에 다시 들어오지 않는 것을 가리키는 말이다. 그러므로 숨을 쉰다는 것은 허공이 아무 '것'도 없이 텅 비어 있는 것이 아니라는 것을 실증하는 일이다. 왜냐하면, 들숨을 쉼으로써 허공의 공기를 빨아들여 우리에게 필요한 산소와 에너지 등을 섭취하고, 날숨을 통하여 필요 없이 된 낡은 공기를 다시 밖으로 내보내는 것이기 때문이다. 우리 눈에는 허공이 아무것도 없이 텅 빈 것처럼 보이지만, 실은 허공은 쿼크(quark), 광자(光子: photon), 전자(電子: electron), 원자와 에너지 등 극미립자(極微粒子)로 꽉 차 있어서, 생물들은 그 속의 필요한 원소나 에너지 등을 섭취하며 살아갈 수 있으니, 허공이 빈 것이 아니라는 것은 쉽게 알 수 있다. '공'은 바로 그와 같은 것이다. 빈듯하면서 꽉 찬 것이 '공'이다. 람 다스(Ram Dass)가 "'공'의 역설(逆說)은 참으로 충만한 것이라는 것이다."라고 말한 참뜻을 알 수 있을 것 같다.[21]

3. '공'과 무아(無我)

이쯤에서 '공'과 '무아'와의 관계를 간단히 살펴볼 필요가 있다. 불교의 표지라고 할 수 있는 삼법인(三法印)의 하나가 제법무아(諸法無我)다. 제법무아란 존재하는 모든 것은 그 자체로 고유한 실체가 없다는 것이다. 이를 가리켜 무자성(無自性)이라고도 한다. '무아'라는 것은 일부에서 잘못 이해하고 있는 것처럼 '나'라는 것이 전혀 존재하지 않는다는 것이 아

---

21) Ram Dass, Be Love Now, 2010, p.83. Ram Dass의 원명은 Richard Alphert, 미국 Harvard대학 심리학 교수였는데, 인도로가 연적지도자로 알려진 Neem Karoli Babadml 제자가 되어 수행한 뒤에 미국으로 돌아가 사랑봉사재단(Love Serve Remember Foundation)을 설립하였다.

니라, '나'라는 것은 그 자체로 고유한 정체성을 가지는 것이 아니라는 뜻으로 새겨야 한다. 여기에서 '나'란 사람이 스스로 자기를 나타내는 뜻으로 쓰는 일인칭 대명사로서의 '나'에 국한되는 것이 아니라, 모든 것을 그 자체의 입장에서 나타낸 것이다.

붓다께서는 초기에는 '공'이라는 용어를 별로 쓰지 않고, 그 대신 '무아'라는 용어를 많이 쓰셨다. 왜냐하면, 붓다 당시 인도를 지배하던 브라만교(Brahmanism)를 비롯한 외도들은 상주실재(常住實在) 하는 '나'[我: atman]라는 존재를 믿었기 때문에, 그 당시 사람들의 입장에서 이해하기 쉬운 것은 새로운 '공'이라는 말보다는 기존의 '나'의 관념과 대치시켜 설명하는 것이 이해하기 쉬웠을 것이다. 아주 초기경(初期経)인 잡아함의 오비구경을 보면 붓다께서 바라나시 교외의 사르나트(Sarnath)에 있는 녹야원에 계실 때, 다섯 비구에게 이르시기를.

"물질에는 '나'가 없다. 만약 물질에 '나'가 있다면 물질에는 응당 병과 괴로움이 생기지 않을 것이고, 또한 물질에 대하여 이렇게 되었으면 한다든지, 이렇게 되지 않았으면 하고 바랄 수 없을 것이다. 물질에는 '나'가 없기 때문에, 물질에는 병이 있고 괴로움이 생기는 것이요, 또한 물질에 대하여 이렇게 되었으면 한다든지, 이렇게 되지 않았으면 하고 바라게 되는 것이다. 느낌, 생각, 뜻함과 의식도 또한 그와 같으니라."라고 말씀하셨다.[22]

여기에서 말씀하신 뜻은 모든 물질은 본래부터 그 자신의 고유한 실체로서 존재하는 것이 아니라, 인연에 따라 사대(四大), 곧 여러 인자가 모여 일시적으로 만들어진 것에 지나지 않는다는 것이다. 초기의 경전, 곧 아함경전(阿含経典)을 보면 '무아'라는 표현을 많이 쓰셨는데, 시간이 흐르면서 '공'이라는 표현을 무아와 함께 쓰신 예도 보인다. 이처럼 '무아'와 '공'은 같은 맥락의 용어임을 알아야 한다.

'무아'에 갈음하여 '공'이라는 용어가 부각되게 된 것은 대승경전(大乘経典), 특히 초기 대승경전인 반야부경(般若部経)이 나오면서부터인데, 반야부경 가운데에서도 비교적 초기의 것인 《금강경》이 '공' 사상을 바탕에 깔고 있는 것이라고 하지만, 정작 '공' 자(字)는 하나도 보이지 않는 것은 아직 '공'의 개념이 확립되기 전의 것이기 때문으로 본다. '공'의 개념을 가장 적극적으로 정립한 것은 용수보살(Nagarjuna)이라고

---

22) 잡아함 1: 23 오비구경.

71

할 수 있는데, 이는 용수보살이 그의 중관론 제24 관사제품 (觀四諦品)에서 "인연으로부터 생기지 않은 존재는 단 하나도 없다. 그러므로 일체의 존재는 '공' 아닌 것이 없다."[23] 라고 한 부분을 통해서도 알 수 있다. 그러니 초기경전에서 볼 수 있는 '무아'와 후기경전에서 일반적으로 쓰인 '공'은 같은 개념의 것이라고 할 수 있다.

II. 반야심경과 '공'

1. 오온(五蘊)

'공'은 바로 불교의 근본 교리이다. 반야심경(般若心経)은 모두(冒頭)에서 "관자재보살께서 깊은 반야바라밀다를 행할 때, 오온이 모두 '공'한 것임을 비추어 보고 온갖 괴로움과 재앙을 없앴느니라."라고 하여 오온(五蘊)은 모두 '공'한 것[五蘊皆 空]임을 분명히 하였다.

불교의 존재인식법(存在認識法: ontological-epistemology)을 한마디로 말한다면 오온과 십팔계(十八界)라고 할 수 있다. 오온은 오음(五陰)이라고도 말하는데, 오온의 온(蘊)은 무리나 쌓

---

23) 용수보살, 청복석, 구마라집 한역, 김성철 역주, 중론, 2005, 414쪽, "未曾有一法 不從因緣生 是故一切法 無不是空者".

임, 곧 비슷한 것들끼리 모이거나 쌓인 것을 말한다. 그래서 오온은 다섯 가지 모임이라는 뜻으로, 색온(色蘊), 수온(受蘊), 상온(想蘊), 행온(行蘊)과 식온(識蘊)의 다섯 가지를 가리키며, 줄여서 물질[色], 느낌[受], 생각[想], 뜻함[行]과 의식[識]이라 한다. 오온은 사람을 비롯한 생명이 있는 모든 것은 몸과 마음, 곧 물질과 정신으로 이루어진 것을 전제로, 물질적 존재를 색(色)으로, 정신적 존재의 범주에 속하는 것을 느낌, 생각, 뜻함과 의식으로 구성한 것이다.

오온의 첫 번째이고, 또 가장 많이 언급되는 것이 색, 곧 물질이다. 물질은 일정한 존재나 형상을 가리키는 것으로, 우리의 육신이나 기타 물건과 같이 우리의 일상적인 생활을 통하여 감각적으로 인식될 수 있는 외부적인 존재를 총칭한다. 그런데 모든 존재는 본래부터 그 스스로 그렇게 존재하는 것이 아니라, 사대(四大)와 같은 여러 요소가 모여서 구성된 것이다. 그러므로 엄격히 말한다면 이 세상에 새로 생겨나는 것은 없고, 구성물이 있을 뿐이라고 할 수 있다. 잡아함의 《시라경(尸羅経)》에서 바지라(Vajira) 비구니가 사구게(四句偈)로

"마치 여러 자료를 한데 모아
세상에서 수레라 일컫는 것처럼,

인연이 모인 여러 모임을 거짓으로 중생이라 부르니라."[24]

라고 말한 것은 물질은 모두 인연에 의한 구성물에 지나지 않
는다는 것을 제대로 보인 예라고 할 수 있다.

느낌[受]은 감수(感受)나 경험 등과 같이 사람이 외부와의 접
촉에서 오는 자극을 감각적으로 받아들이는 작용을 말한다.
눈에 빛, 곧 광자(光子: photon)가 와서 닿아 무엇인가의 존재를
느낀다거나, 소리, 곧 음파(音波)가 귀속의 고막을 울려 그 소
리를 듣는 것과 같이, 우리의 일상적인 생활 경험 가운데 감
수작용을 총칭하는 것이라고 할 수 있다.

상(想), 곧 생각은 앞에서 말한 느낌에서 한 걸음 나아가 감각
적으로 느낀 것이 주체의 의식 속에 담기는 표상작용(表象作
用)을 말하는 것이어서, 흔히 생각이라고 한다.

뜻함[行]이란 앞의 생각에 따라 우리의 인식 작용에 새겨진 것
에 시간, 장소와 환경 등의 여러 요소가 매개되어 일정한 의
지(意志)로 발전된 것을 말한다. 그러므로 이는 우리의 의지
작용을 말하는 것으로서, 무엇인가를 추구하는 것, 곧 뜻함
이라고 할 수 있다.

마지막으로 의식[意識]이란 앞에서 본 느낌에서 뜻함, 곧 수에

---

24) 잡아함 45: 1202 시라경 중에서.

서 행에 이르기까지의 과정을 거쳐 개념적인 인식으로 발전된 것을 말하며, 이는 분별이나 사유(思惟) 등을 내용으로 하는 인식 작용 일반을 말한다. 그러므로 이는 보편성에 관한 인식이나 단순한 심리적인 인식이 아니라, 분별의 뜻을 함축하는 인식이라고 할 수 있다. 이와 같이 볼 때, 오온은 우리의 일상적인 경험 모두를 다섯 가지 범주로 묶어 나타낸 것으로서, 흔히 말하는 일체법(一切法)이나 제법(諸法)과 함께 '모든 것' 또는 모든 존재 현상을 나타내는 것으로 쓰이는 것이 보통이다. 그러나 이들 오온 속에는 그 자체의 핵심적인 실체가 없음에 비추어, 오온은 '공'한 것이다.

2. 개공(皆空)

관자재보살은 오온이 모두 '공'한 것임을 비추어 보았다라고 하여, 오온의 공성(空性)을 밝혔다. 사실, 우주는 쿼크(quark)나 광자(光子: photon) 또는 전자(電子: electron)와 같은 극미립자와 에너지로 가득 차 있고, 그것은 인간을 비롯한 우주만상을 배태하고 있는 것이어서, 모든 것은 인연의 화합으로 우주에 내재하는 생명력의 소산으로 나타나 일시적으로 그 존재를 유지하고 있는 것에 불과한 것임을 밝힌 것이다.

관자재보살은 오온은 모두 '공'하다고 보았지만, 과연 무엇이 어떻게 '공'하다는 말인가? 여기에 하나의 유리컵이 있다고 하자. 물이 가득 든 컵을 들고 이 컵은 비었는가?라고 묻는다면, 누구나 그 컵에는 물이 가득 차 있다고 답할 것이다. 이번에는 물을 모두 쏟아낸 다음 다시 '이 컵은 비었는가?'라고 물으면, 이번에는 모두 그렇다고 답할 것이다. 그러나 그 컵에 물은 없지만 여러 원소와 에너지를 머금고 있는 공기로 가득 차 있다. '공', 곧 비었다는 것은 무엇인가가 비었다는 것이고, 애당초 아무것도 없는 것이 빌 수는 없다. 관자재보살이 '공'한 것이라고 비추어 본 것은 오온, 곧 색수상행식은 모두 비었다는 것이다. 그러나 오온의 무엇이 '공'하다는 말인가? 그것은 오온으로 표현된 현상들 본래의 실체이다. 모든 '것'은 오온을 이루는 색, 수, 상, 행, 식의 결합으로 우리의 인식 속에 들어온 것이지, 그 어느 하나도 본래부터 스스로 존재하는 실체가 있는 것은 아니라는 것이다.

세계적인 천체물리학자로 알려진 영국 케임브리지대학 (U. Cambridge)의 고(故) 스티븐 호킹(Stephen Hawking) 교수는 그의 저서 "위대한 설계"(The Grand Design)에서 "우리와 우리 주변의 사물들은 상상을 초월할 정도로 많은 관찰 가능한 우주에 있는 별들보다 더 많은 원자로 이루어진 복합물이다. 인간을 비롯한 물건들은 거대한 원자집단인데, 그런 집단의 구성요소인 원자들은 양자물리학의 원리에 따르지만... 뉴턴의 법칙들은 우리의 일상 세계에 있는 복합물들의 행동을 매우 정확하게 기술하는 유효이론(有效理論)이다."[25]라고 주장함으로써 생물을 포함한 모든 사물의 근본과 현상을 설명하였는바, 그의 설명 역시 '공'의 참뜻을 잘 나타내고 있다.

다시 한번 분명히 할 것은 '공'이라고 해서 우리가 보는 여러 현상을 부인하는 것이 아니라, 우리가 보는 '것'들의 실체성을 부인하는 것이라는 점이다. 우리가 늘 대하거나 쓰는 물건을 비롯하여 모든 형상의 존재는 그대로 인정하되, 그것들은 모두 인연의 화합으로 여러 인자(因子)가 결합하여 이루어진 것이어서, 그 자체로서의 실체가 없다는 것이다. 그러므로 명추회요(冥樞會要)[26]에서 "인연 따라 생겨서 자성이 없을 뿐이므로 결정코 없다는 것은 아니다."라고 분명히 밝힌 것과 같다.

3. '공'한 모습

반야심경은 첫머리에서 오온개공(五蘊皆空), 곧 "오온은 모두

---

25) Stephen Hawking/Reonald Mlodinow(전대호 역), 위대한 설계, 2010, 84쪽.

26) 영명연수선사(永明延壽禪師)의 종경록(宗鏡錄) 백 권의 촬요본(撮要本)이라고 할 수 있는 것으로, 회당조심(晦堂祖心)이 엮어낸 책이다.

'공'하다"고 하였는데, 여기에서는 "이 모든 법의 '공'한 모습
은 생기지 않고 없어지지도 않으며, 더럽지도 않고 깨끗하지
도 않으며, 늘지도 않고 줄지도 않느니라."[是諸法空相 不生不滅 不
垢不淨 不增不減.]라고 하여 모든 것의 '공'한 모습을 육불(六不)로
구체화하여 밝혔다. 여기에서는 이들 육불을 중심으로 제법(
諸法), 곧 모든 '것'의 '공'한 모습을 간단히 살펴보기로 한다.

1) 불생불멸(不生不滅):

인연의 화합으로 나타난 모든 '것', 곧 오온이 '공'한 모습
의 하나는 모두 불생불멸, 곧 "생기지 않고, 없어지지도 않는
다."는 것이다. 그러나 겉모습에만 매어있는 사람들의 눈에
는 사람은 생겨나서 삶을 유지하다가 늙으면 죽어 없어지는
것으로 보이는 것이 보통이다. 이는 본질은 놓아둔 채 겉에
드러난 현상만을 감각적으로 느끼는 데에서 오는 일종의 착
시현상(錯視現象)이라고 할 수 있다.

우선, 우리가 제일 잘 안다고 생각하는 사람의 경우를 보
자. 우리는 어머니의 배에서 나와 세상에 태어난 날을 생겨
난 날이라고 하여 출생신고를 하고, 매년 그날이 되면 세상에
태어난 날, 곧 생일이라고 하여 기념한다. 한편, 사람은 죽으
면 해당 관청에 사망신고를 함으로써 법적으로 없어진 존재

가 된다. 그러나 관자재보살은 오온, 곧 모든 존재는 '공'한 것이고, 그 '공'한 모습은 생겨나는 것도 아니고 없어지는 것도 아니라고 한다. 어찌 된 일인가?

생겨난다는 것은 아무 '것'도 없는 데에서 무엇인가가 존재하게 되었다는 뜻이다. 곧, 무(無)의 상태에서 유(有)의 상태가 되었다는 말이다. 과연 그럴 수 있는가? 아무 '것'도 없는 '무'의 상태에서 갑자기 무엇인가가 생겨난다는 일은 적어도 이 우주에서는 있을 수 없는 일이다. 앞에서 든 예의 경우도 사실은 아이가 어머니를 통해서 세상에 태어나기 전에 이미 그 아이는 어머니 배 속에 있었다. 어머니 배 속에 있던 태아가 밖으로 나왔을 뿐이다. 이미 있던 것이 장소만 바꾼 것이라면 그것은 생겨난 것이 아니다. 그러면 사람은 수태(受胎)로써 생기는 것인가? 엄격히 말하면 그것도 아니다. 수태 이전에는 이미 어머니와 아버지에게 반반씩 존재했다고 할 수 있고, 그것은 조상에게로 거슬러 올라간다. 생명공학의 발달로 유전자의 구체적인 배열까지 밝혀진 오늘날에는 DNA 하나로 몇 대가 벌어진 조상과 후손의 혈연관계까지 알 수 있게 되었지만, 이는 사람을 비롯한 생물은 무에서 유로 새로이 생겨나는 것이 아니라는 것을 잘 보여주는 예라고 할 수 있다. 하물며, 사람을 비롯한 생물도 다른 '것'들과 마찬가지로 인연이 닿아 우주에 널려있는 극미립자들이 모여 구성된 세포와 미생물의 집합물에 불과함에 있어서랴! 그러한 관계는 생물만의 일이 아니다. 먼동이 튼 상쾌한 아침, 솔잎에 구슬처럼 맺힌 물방울은 밤사이에 생겨난 것인가? 아니다. 공중의 수증기가 밤사이의 기온강하로 물방울로 바뀐 것에 불과하다. 기체에서 액체로 모습만 바뀐 것이지, 새로 생겨난 것은 아니다. 그러면, 수증기로 변[氣化]하기 전의 물은 스스로 생겨난 것인가? 그것도 아니다. 이미 허공에 수없이 존재하는 수소와 산소가 연(緣)이 닿아 결합한 것에 지나지 않는다. 모양만 바꾼 것이다.

이러한 현상은 '생겨남'에만 한정된 일이 아니고, '사라짐'의 경우도 마찬가지 일이다. 이 세상에 아주 완전히 없어지는 것은 하나도 없다. '사라진다'는 것은 무엇인가의 존재가 무(無)의 상태로 되는 것을 뜻한다. 앞에서 본 바와 같이 생겨남이 없으니 사라질 것이 없을 것은 당연한 일이다. 여름 하늘에 가득하던 구름이 눈 깜짝할 사이에 사라졌다. 그것은 없어진 것인가? 아니다. 하늘에 떠 있던 구름이 물방울이 되어 '비'라는 이름으로 땅에 내린 것일 뿐이다. 질량불변의 법칙을 발견한 프랑스의 과학자 라부아지에(Lavoisier)는 말하기를 "아무것도 만들어지는 것은 없고, 아무것도 없앨 수 없다."

리고 단언하였다. [27] 문자 그대로 불생불멸이다. 사람이 죽는다는 것도 마찬가지 일이다. 인연이 다하여 숨이 멎음으로써 육신을 이루고 있던 인자(因子)가 분해되어 본래의 인자로 되돌아가는 것뿐이다. 그래서 '죽었다'는 것을 '돌아갔다'라고도 말하고, 영어로도 죽었다는 것을 '지나갔다'(passed away)라고 말하는 예가 흔한 것이라고 할 수 있다.

2) **불구부정**(不垢不淨):

모든 것의 '공'한 모습은 "더럽지 않고, 깨끗하지도 않다"고 한다. 사람들은 모든 일에 이분법적(二分法的: dichotomy)인 분별을 일삼는 것이 예사이고, 또 그것이 생활의 한 모습이기도 하다. 그러나 알고 보면 분별이라는 것은 사람의 마음이 만들어내는 것일 뿐, 모든 것은 본래부터 그 자체로 더럽다거나 깨끗하고, 좋거나 나쁘고, 또는 아름답다거나 추한 구별이 지어진 것은 아니다. 신라 때, 원효대사와 의상대사가 당나라에 수학하기 위하여 가던 길에 원효대사가 밤중에 목이 말라 마신 물 이야기가 아직도 전해져 온다. 목이 마른 원효대사가 어둠 속에서 손에 잡힌 바가지에 담긴 물을 감로수처럼 맛있게 마신 다음 날 아침에 보니 자기가 간밤에 마신 물은 다름 아닌 해골바가지에 담긴 빗물임을 알게 된 것이다.

---

27) Thich Nhat Hanh, The Heart of Understanding, 1988, p. 23..

해골바가지라는 것을 모르고 마실 때의 물은 그야말로 감로수였는데, 막상 그것이 해골바가지에 담긴 빗물이라는 것을 알게 된 순간 갑자기 구역질이 나고 역겨워진 것이다. 그러나 그 마신 물에 무슨 차이가 있는가? 간밤에 그처럼 맛있었던 물은 그대로인데, 해골바가지를 보는 순간 갑자기 혐오스러워지고 역겹게 된 것이니, 해골바가지를 봄으로써 감로수가 오수(汚水)로 변한 것이다. 무엇이 그처럼 변하게 한 것인가? 물이 아니라, 바로 사람 마음의 장난일 뿐이다. 그래서 《유식경(唯識経)》에서는 "아름답고 추함은 마음에 있지, 마음 밖에 따로 정해진 것이 없다."라고 하면서, "마치 아름다운 여인과 같다... 음탕한 사람은 그녀를 보고 즐거워하고, 질투하는 사람은 그녀를 보고 도를 얻고, 선입견이 없는 사람은 그녀를 보아도 끌리거나 싫어하는 것이 없어 흙이나 나무토막 보듯 한다."라고 한 것이다.

사람은 그가 배운 지식, 쌓은 경험 등이 모여 관념을 만들어내고, 그 관념이 주범이 되어 분별심을 기른다. 그러나 제대로 알고 보면 분별할 것은 아무것도 없다. 모두가 상대적이고, 서로가 의지하고 관계를 맺는 가운데 존재하는 것이다. 그렇기 때문에, 여러 사람이 각기 분별하여 그은 경계선은 제각기 다른 것이 보통이다. 모든 사물은 그 자체로는 더

러울 것도 없고, 깨끗할 것도 없다. 그저 그처럼 '공'한 채 있을 뿐이다. 그것이 관자재보살께서 말한 제법의 '공'한 모습이다. 켄 윌버(Ken Wilber)는 그의 저서에서 사람들의 거의 공통적인 문제는 모든 것에 관념적으로 경계선을 긋고, 이쪽이 아닌 것은 모두 저쪽으로 치부하고 배척하는 데 있다고 하면서, "문제는 반대쪽은 조화될 수 없고 완전히 서로 다른 것으로 생각하는 데 있다. 그러나 분별 된 것들이라는 것은 실은 낮과 밤의 구분과 비슷한 것으로, 진실은 밤이 없으면 우리가 낮이라 부르는 것도 있을 수 없다는 엄연한 사실이다."[28] 라고 강조한다. 윌버의 말은 세상 만상에는 더러운 것도 없고 특별히 깨끗한 것도 없는데, 사람들이 관념적으로 만들어 낸 것에 불과하다는 것을 잘 보여주는 것이다. 결국, 모든 것은 분별의 대상이 아니라, 서로 의지하고 서로 관계됨으로써 존재하는 것이어서, 여기에 우리는 중도(中道)의 소중한 가치를 알 수 있다.

3) 부증불감(不增不減):

관자재보살은 마지막으로 제법의 '공'한 모습은 "늘지 않고 줄지도 않는다."라고 한다. 앞에서도 보았거니와 사람들은 모든 것을 비교하여 크다거나 작다거나, 많다거나 적다거

---

28) Wilber, No Boundary, 2001, pp. 20, 21.

나, 길다거나 짧다거나, 불었다거나 줄었다고 한다. 그러나 알고 보면 모든 것은 상대적이다. 작은 것에 비하면 큰 것이고, 긴 것에 비하면 짧은 것이다. 크다고 하지만 그것보다 더 큰 것에 비하면 작은 것이고, 짧은 것도 그보다 더 짧은 것에 비하면 긴 것이다. 이처럼 비교하는 생각은 우리의 관념이 지어낸 것일 뿐, 절대적으로 큰 것도 없고 절대적으로 작은 것도 없다. 그러니 증가할 것도 없고 감소할 것도 없다는 것도 같은 이치이다. 법성게(法性偈)에서는 "하나가 곧 모두이고 많은 것이 곧 하나이다."[一卽一切 多卽一] 라고 하였으니, 꼭 맞는 말이다. 펴면 많아 보이고 모으면 하나인 것이다. 그래서 앳킨스(Peter Atkins) 교수는 "에너지의 총량(總量)은 변함이 없다(constant)."[29]라고 말한 것이다.

화엄경(華嚴経)을 보면 一微塵中含十方, 곧 "한 티끌 속에 시방세계를 품는다."라는 말이 있지만, 사물을 보는 관점(観点)의 문제일 뿐이다. 근대물리학에서 말하는 질량불변의 법칙(質量不変의 法則: law of conservation of mass)은 모든 화학적 반응의 전후에 있어서 그 반응물질의 모든 질량과 생성물질의 질량은 항상 변하지 않고 일정하다는 것을 밝히고 있지만, 과학이라는 용어조차 정립되기 전인 고대(古代)에 붓다께서

---

29) Atkins, Conjuring Universe, 2018, p. 20.

는 "불증불감"(不增不減)을 말씀하셨다. 이 세상에 있는 것은 모양이나 위치가 바뀔 뿐 전체적인 관점에서 볼 때에는 불지도 않고 줄지도 않는다는 것이다. 그래서 모든 것의 '공'한 모습은 "부증불감"이라고 한 것이다. 우리가 달을 보고 커졌다거나 작아졌다고 하는 것과 비슷한 일이다. 달은 늘 그대로인데 지구에 가리면 작아진 것처럼 보이고, 지구의 그늘에서 벗어나면 커진 것으로 보일 뿐이다.

팔천송반야경(八千頌般若経)을 보면 붓다께서 수보리 존자에게 말씀하시기를 "수보리여! 여래, 응공, 정등각이 목숨을 마칠 때까지 머물면서 허공의 아름다움을 찬탄한다고 해도 허공이 커지는 일은 없으며, 아름다움을 찬미하지 않는다고 해도 허공이 줄어드는 일은 없느니라... 이처럼, 수보리여! 제법(諸法)의 법성(法性)인 그것은 교시(教示)되거나 교시되지 않거나 그대로이다."라고 하시어, 일체법은 늘지도 줄지도 않는 성품을 가진 것임을 분명히 하셨음을 알 수 있다.

III. '공'과 양자물리학

'공'은 불교의 종교적 관념의 테두리 안의 것인가? 이 분야에 관한 현대물리학의 입장은 어떤 것인지를 간단히 살펴볼 필요가 있을 것 같다. 미국 캘리포니아 버클리대학(UC. Berkeley) 물리학 교수 카프라(Fritjof Capra)는 그의 '현대물리학과 동양사상'(the Tao of Physics)에서 "'공'은 단순한 무(無)로 생각해서는 안 된다. 오히려 그것은 모든 형태의 근본이며, 모든 생명의 원천이다. 불교도들은 그들의 궁극적인 실재를 수냐타(sunyata), 공(emptiness)이라고 부르며, 환상적인 세계에서의 모든 현상을 일으키는 것은 바로 이 살아 있는 '공'이라고 확언한다. 동양 신비주의의 '공'은 쉽게 아원자물리학의 양자장(量子場: quantum field)과 비교될 수 있다. 양자장처럼 그것은 한없이 다양한 현상을 낳으며, 그것을 보존하면서 결국 다시 거두어들인다."라고 말한 다음, "양자론은 우주의 근본적인 전일성(全一性)을 드러내 주었다. 그것은 독립적으로 존재하는 최소의 단위로 이 세계를 분해할 수 없다는 것을 보여주었다. 물질을 뚫고 들어가 보면 볼수록 자연은 어떤 독립된 기본적인 구성체를 보여주지 않고, 오히려 전체의 부분들 사이에 있는 복잡한 그물의 관계를 나타낸다."[30]라고 주장하여 '공'의 경지를 과학적으로 극명하게 설명하였다.

---

30) Capra, The Tao of Physics, 김용정/이성범 공역, 현대물리학과 동양사상, 2006, pp. 98, 277.

'공'이라고 하는 것은 앞에서도 설명한 바와 같이 '텅 비어있어' 아무것도 존재하지 않는다는 것이 아니라, 모든 것은 그 자체로서 본래부터 고유한 실체가 있는 것이 아니라는 뜻으로 새겨야 한다. 영국이 자랑하는 캐임브리지대학(U. Cambridge)의 천체물리학 교수 마틴 리스(Martin Rees) 경은 최근에 출간된 그의 저서 '미래: 인류에 대한 전망'(On the Future: Prospects for Humanity)에서 대형강립자충돌기(LHC)의 가공할 위험성을 지적하면서, "물리학자들이 진공이라고 부르는 빈 공간은 단순한 무(無) 이상이다. 그곳은 모든 일이 일어날 수 있는 무대이다."라고 하면서, "그 안에 물리적 세계를 지배하는 모든 힘과 입자가 잠재돼 있다."[31]라고 분명히 하였다.

한편, 양자중력장(量子重力場: Field of Quantum Gravity) 이론으로 유명한 칼를로 로벨리(Carlo Rovelli) 교수는 한 걸음 더 나아가 "물리이론은 사물을 존재하는 '것'(being 또는 are)으로 보지 않고 어떻게 그 일이 일어났는지(occur), 곧 관계 속의 사건(event)으로 보며, 그것이 다른 것과 어떻게 상호작용하는지에 중점을 둔다."[32] 라고 단언하였다. 우리나라 김성구 교수도 "세상에는 무엇이 존재하는 것처럼 보인다. 그러나 그것은 착각이다. '어떤 것'(thing)이란 존재하지 않으며, 단지 서

---

31) Rees, On the Future: Prospects for Humanity), 2018, p. 112.
32) Rovelli, Reality is nor What It Seems, 2017, pp. 134, 135.

서히 변하는 것과 빨리 변하는 것과의 차이가 있을 뿐이다. 따라서 우주에는 물체와 과정이 존재하는 것이 아니다. 빠른 과정과 느린 과정이 있을 뿐이다."[33]라고 하여, 우리가 일상 보는 '것'들은 실체성을 갖는 개개의 물체라고 할 '것'이 없고, 연속되는 과정 속의 사건으로 본다. 여기에 우리는 '공'의 이론이 불교의 종교적 관념에 그치는 것이 아니라, 현대물리학의 입장과 궤를 같이하는 것임을 알 수 있다.

1. 보는 것은 모두 허상이다

《금강경》에 보면 "모든 곳에 모습이 있으나 모두 허망한 것이니, 만약 모든것이 모습이 아니라고 보면 여래를 보리라."[凡所有相 皆是虛妄 若見諸相非相 卽見如來]라고 하여[34] 우리가 일상 보는 여러 현상은 모두 실상(實相)이 아닌 허망한 것이라고 하였다. 이는 앞에서 살펴본 바와 같은 '공'의 참뜻을 극명하게 보이는 것으로, 현대물리학에서 보는 물질관과 상통하는 것임을 알 수 있다. 곧, 사람들이 어떤 '것'으로 보는 사물은 사실은 그러한 '것'이 있는 것이 아니라 연속되는 여러 과정 속의 한 사건에 지나지 않는 것을 미시적으로 사건의 단면을 잘라서 보는 것에 지나지 않는 것이어서, 그렇게 보는

---

33) 김성구, 아인슈타인의 우주적 종교와 불교, 2018, 27쪽.
34) 금강경 제5 여리실견분(如理實見分).

'것'은 허상에 지나지 않는다.

'공'의 이론과 같이 모든 '것'은 본래부터 그러한 실체를 가지고 존재하는 것이 아니라, 인연에 따라 여러 인자가 모여 이루어진 것에 지나지 않기 때문에, 변하고 결국은 사라져 본래 '공'의 상태로 되돌아가지 않을 수 없다. 그러니, 어떤 '것'으로 보이는 것은 실은 우주만상이 서로 어울려 생주이멸(生住異滅)하는 일련의 과정 가운데 한 토막에 불과한 것이라고 할 수 있다. 그러므로 이 '공'이야말로 서로의 관계성과 의존성을 나타내는 것임을 알 수 있다.

그런데, 우리가 보는 '것'은 허상(虛像)이라고 말하면, 사람들은 분명히 내 눈으로 보고 내 손으로 만지는데, 그것이 어찌 허상이랄 수 있는가? 라고 반문하는 사람이 많을 것이다. 그러나 무엇인가를 본다는 것은 보는 사람, 곧 관찰자(觀察者)와 보이는 '것', 곧 관찰대상(觀察對象)이 있어, 그 관찰자가 관찰대상을 관찰하는 것이다. 그런데, 관찰자는 언제나 누구나가 동일한 것이 아니고, 보는 이의 생각과 보는 상태, 곧 보는 조건이 모두 다르기 마련이다. 한편, 모든 것은 한때도 쉬지 않고 변하고 있다. 우선 관찰자인 사람 자신의 육신을 이루고 있는 세포가 매 순간 수십 만 개씩 죽고 생겨나기를 거듭하고 있으니, 십 분 전의 '나'와 지금의 '나'는 크게 달라져 있다는 것은 당연한 일이다. 그뿐만 아니라, 우리가 현재라고 하는 시점은 한순간, 곧 찰나에 그치고, 현재라고 느끼는 순간 그 현재는 이미 과거이고, 또 미래라고 생각하고 있던 것이 벌써 현재의 순간 자리에 와 있는 것이다. 그러니, 관찰한 바가 언제나 누구에게나 같을 수 없음은 물론, 모든 '것'은 매 순간 변하고 있어 엄격히 말하면 같은 '것'이란 있을 수 없고, 조금 전에 본 것은 이미 없어진 것임을 쉽게 알 수 있다. 곧, 조금 전에 보았던 '것'은 허상이다.

2. '공'과 양자의 비국소성(非局所性)

양자역학(量子力學)의 특징의 하나로 꼽히는 것은 비국소성(非局所性: nonlocality)이다. 불교의 근본교리인 '공'사상에서 볼 수 있는 존재의 본성 또한 양자역학에서 볼 수 있는 비국소성과 매우 흡사함을 알 수 있다. 여기에서 말하는 비국소성이란 어떤 시공간(時空間: space-time) 안에 어떤 체계나 조직 또는 존재를 국한시키는 일은 불가능하다는 것이다. 사실, 앞에서 거듭 설명한 바와 같이 사물의 존재는 다른 '것'과의 관계에 의존한다. 맨스필드(Vic Mansfield) 교수는 "만일 양자들이 말할 수 있다면, '나는 나의 다른 것과의 관계 때문에 잘 정해진 방법대로 존재한다. 나는 독자적으로 존재할 수 없다.'[35]

---

35) Vic Mansfield, Tibetan Buddhism and Modern Physics, 2008, p. 64.

라고 말할 것이다" 라고 분명히 밝혔다. 이와 같은 비국소성은 물리학의 고전적인 관념으로는 이해하기 어렵다. 양자물리학자로 유명한 닐스 보어(Bohr Niels)는 "만일 당신이 그것을 공부하고도 신비함을 발견하지 못한다면, 당신은 그것을 이해한 것이 아니다." 라고 하여, 상호연관(相好聯關)된 양자체계는 명백하게 비국소적이라는 점을 강조하였다.

'공'의 원리는 위에서 거듭 설명한 바와 같이, 인연의 화합으로 쿼크(quark), 전자(電子: electron)나 광자(光子: Photon)와 같은 극미립자(極微粒子: particle)들이 모여 이루진 '것'은 본래부터 그 스스로 존재한 것이 아니어서 그것 자체로서의 실체성이 없는 것이고, 따라서 그의 존재는 다른 것과의 의존성과 관계성에 매인 것이라고 할 수 있다. 다시 말하면, '공'사상에 의하면 모든 것은 그 스스로 생겨나[自生] 스스로 존재[自存]하는 것이 아니라, 다른 많은 것들과 상호의존관계를 유지하면서 존재를 계속하다가 연(緣)이 다하면 사라져 '공'의 상태로 되돌아가는 것이다. 그러니, '공'은 모든 '것'은 비국소성을 벗어나는 것이 아님을 분명히 하는 관념이다.

결국, 불교의 근본 교리인 '공' 사상은 앞에서 거듭 살펴본 바와 같이 모든 '것'은 다른 '것'들과의 상호의존관계의 틀 안에서 존재하는 것이라는 점에서 현대물리학에서의 양자론과 신비하리만큼 유사성을 지니고 있음을 알 수 있다.

IV. '공'과 모든 '것'의 상호의존관계

'공'은 존재 현상의 핵심인 것으로, 전자의 이동과 양성자(陽性子: Proton)의 부피 변화를 통하여 변한 각종 원자가 인연에 따라 서로 결합함으로써 생겨난 구성물이 그 존재를 유지하면서 변화를 거듭하다가 인연이 다하면 원래의 상태로 되돌아가는 과정을 되풀이하는 것이 우리가 보는 존재 현상이다. 그러므로 모든 '것'은 무엇인가에 의지하여 생기는 것[dependent arising]이고, 모든 '것'은 과정의 차이는 있어도 모두가 상호의존관계(相互依存關係: interdependency)에 있는 것이며, 따라서 모든 것은 궁극적으로는 전일성(全一性: oneness)을 가지는 것으로 볼 수 있다. 그렇다면, 그러한 '공'은 우리에게 과연 무슨 의미가 있는 것일까?

'공'은 이 세상의 어느 '것' 하나 본래부터 그 스스로 고유하게 존재하는 것은 없고, 인연이 닿아 여러 인자가 화합하여 구성된 것에 불과함을 나타내는 것이라고 했다. 그렇기 때문에, '공'은 위에서도 본 바와 같이 무아(無我: selfless)로 통하고, 무아이기 때문에 시간이 흐르면 변하고 망가져 사라지지 않을 수 없는 것, 곧 무상(無常: impermanence)과 연결되며, 엄연히 있던 것이 변하고 사라지니 그것을 여러모로 경험하는 사람으로서는 고뇌에 차지 않을 수 없다. 결국, '공은 불교의 삼법인(三法印)인 무아, 무상과 고를 함축하고 있는 개념임을 알 수 있다.

우선, '나'라고 내세울 실체가 있는 것이 아니라는 '공'의 관념에 투철하다면, 그 '나'라는 것의 존재를 전제로 매달리는 탐욕과 '남'에 대한 질투나 성냄으로부터 쉽게 벗어날 수 있을 것이다. 나아가, '공'의 관념에 투철하다면, '나'라고 내세울 만한 실체가 없고, '너'라고 시기하고 배척할 실체가 없다는 것을 쉽게 이해함으로써, 당연히 사상(四相), 곧 아상(我相) 인상(人相), 중생상(衆生相)과 수자상(壽者相)에서 벗어날 수 있게 된다.

그 뿐만 아니라, 이 세상에 고정불변하는 것은 없다는 것을 알기 때문에, 고정관념에서 벗어날 수 있고, 늘 유연한 마음가짐을 유지할 수 있어 쉽게 중도(中道)로 통하게 된다. 자유인이란 따로 있는 특별한 사람이 아니라, 어디에도 매이지 않고 유연한 사람을 가리키는 것뿐이다. 그러므로 '공'의 관념은 우리 마음의 담벼락을 헐어내고 어디에도 매이지 않는 훤하게 트인 마음을 보장해 줄 수 있는 유일한 길이라고 할 수 있다.

'공'은 이 세상의 모든 현상은 그 자체로서 독자적인 실체가 있는 것이 아니라, 인연에 따라 우주의 여러 인자가 모여서 된 것이기 때문에, 생겨남부터 주변의 여러 요소와의 관계 속에서 태어나고, 그의 유지를 위하여 주변의 여러 것에 의존하지 않을 수 없음을 쉽게 알 수 있다. 곧, 사람을 비롯한 우주의 만상은 그 존재를 이어가는 동안 수없이 많은 주변의 도움을 받지 않을 수 없어서, 만물의 상호의존관계와 그 관계성을 한때도 부인할 수 없다. 사람이 태어나면서부터 삶의 모습만 요약하여 보아도 쉽게 이해할 수 있다.

우선, 사람은 먹어야 산다. 갓난아기가 태어나면 누가 시키거나 가르친 것도 아닌데 눈도 제대로 뜨기 전에 곧 어머니의 젖꼭지를 찾는다. 산모는 갓난아기에게 젖을 먹이고 자기도 살기 위하여 음식을 섭취하여야 한다. 갖가지 음식을 들수 있지만, 우선 대표적인 것으로 쌀로 지은 밥을 예로 들어보기로 한다. 쌀은 농부가 이른 봄에 논의 한 구석을 잘 다듬고 물을 채워 못자리를 만들고 볍씨를 뿌려, 볍씨의 싹이 트고 적당한 길이로 자라면 곧 논에 모내기 한 다음, 정성껏 물을 대고 잡초를 뽑아주며 가꿈으로써 충실하게 자라 벼 이삭이 여물고, 가을바람이 일기 시작하면 추수 하여 적당히 말린 다음 도정을 함으로써 비로소 쌀이라는 것을 얻게 된다. 그러나 그것만이 아니다. 농부가 아무리 열심히 땀을 흘리며 농사를 지으려 해도 자연의 협력이 없으면 모든 일은 허사가 된다. 곧, 태양으로부터의 햇빛이 비치고 적당한 온도가 유지되어야 함은 물론, 적당히 비가 내림으로써 논에 물이 고여야 한다. 어디 그뿐인가? 쌀이 생산되어도 그것이 우리의 주방에 들어와야 한다. 다시 말하면, 농부가 생산한 쌀은 여러 유통과정을 거쳐 우리의 손에 들어온다. 또, 산모의 밥상에는 흔히 미역국이 오른다. 그러나 미역국을 끓이려면 미역양식장이나 미역을 채취하는 해녀들에 의한 미역의 채취가 필요함은 물론이다. 채취된 미역은 잘 다듬어 바닷가에서 바닷바람[海風]을 쏘이며 잘 말린 다음, 상품화되어 시장에 유통되고, 각 가정에서는 이처럼 상품화된 미역을 사서 쓰게 된다. 이 간단한 예만 보아도 우리의 삶이라는 것은 주변의 헤아릴 수 없이 많은 것으로부터 얼마나 많은 도움을 받고 의지하면서 이루어지는 것인지 알 수 있다. 결국, 우리는 매 순간 주변 사람을 비롯하여 헤아릴 수 없이 많은 것에 의존하고 관계를 맺는 가운데 삶을 유지하는 것임을 알 수 있다. 이 상호의존관계의 바탕을 바로 '공'에서 찾아볼 수 있다. 미국 캘리포니아 버클리대학(UC. Berkley) 양자물리학 교수인 카프라(Fritjof Capra) 박사가 "우주는 따로따로 떨어진 것들의 총합(總合)이 아니라, 조화롭고 역동적인 관계의 그물로 이루어지는 과정으로 보아야 한다."[36]라고 한 것도 위에서 말한 모든 것의 상호의존성과 관계성을 잘 보인 예라고 할 수 있다.

옛이야기 하나를 떠올려 보자, 어떤 할머니가 목장에서 우유를 짜 가지고 가던 길에 저녁 땔감용 나무를 줍느라 잠시 한눈을 팔고 있는 사이에 양동이에 든 할머니의 우유를 거의 다 마셔버린 여우 이야기다. 화가 난 할머니는 여우를 잡자마자 꼬리를 잘라버렸다. 꼬리를 잘린 여우가 꼬리를 돌려달라고 애원하자 할머니는 우유를 돌려주면 꼬리를 붙여주겠다고 한다. 그 말을 들은 여우는 목장으로 내려가 암소에게 우유를 좀 달라고 하자, 암소는 여우에게 풀을 한 다발 갖다주면 우유를 주겠다고 말하고, 그 말을 들은 여우는 들판에 나가 들판에게 풀을 좀 달라고 한다. 들판은 내게 물을 한 양동이만 가져 달라고 한다. 여우는 그 말을 듣자마자 개울로 내려가 물을 좀 달라고 하자 개울이 말하기를 물을 줄 테니 양동이를 가져오라고 한다. 이러는 사이에 해가 저물어 어둠이

36) Capra, Turning Point, 1988, pp. 47, 78.

찾아오고 결국, 여우는 꼬리 없이 밤을 새울 수밖에 없게 되었다. 이처럼 모든 일은 서로 밀접한 연관관계를 맺고 돌아가는 것이며, 세상의 모든 '것'은 정교하게 균형이 잡히고 서로 연결된 복잡한 연결망 속에 있는 것이지, 어느 것 하나 독자적으로 존재할 수 없다는 것은 움직일 수 없는 우주의 법칙이다. 그러니 이러한 관계는 인간의 경우에만 타당한 것이 아니라는 것을 쉽게 알 수 있다.

이 책의 모두(冒頭)에서도 언급하였거니와, 남아프리카에는 전통적으로 내려오는 우분투(ubuntu)라는 격언이 있어, 모든 것은 서로 의지하고 도우며 사는 것이 삶의 올바른 길로 여겨지고 있다. 그래서 남아공(RSA.)에서 만델라(Nelson Mandela)나 투투대주교(Archbishop Tutu)가 백인들의 인종차별정책(apartheid)에 맞서 싸우면서 내건 슬로건도 '네가 있어 내가 있고, 내가 있어 네가 있다.'는 내용을 지닌 '우분투(Ubuntu)'운동이었다. 불교의 '공'사상이나 양자물리학에 관하여 듣지도 못했을 고대 아프리카의 원주민사회에 모든 것의 상호의존관계를 내용으로 하는 '우분투'의 전통이 있다는 것은 그것이 모든 것의 건전하고 평화로운 존재를 위한 필수적인 여정임을 나타내는 것이라고 할 수 있다.

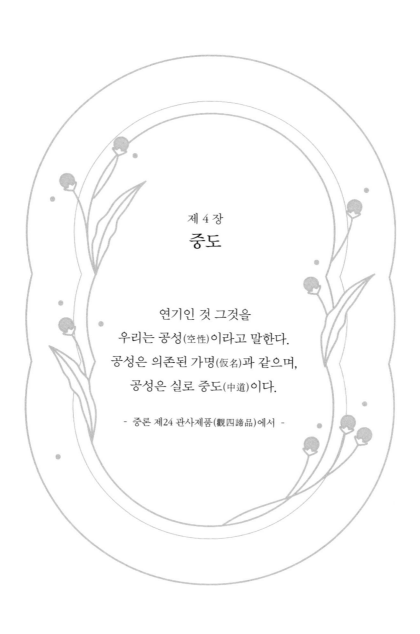

제 4 장
중도

연기인 것 그것을
우리는 공성(空性)이라고 말한다.
공성은 의존된 가명(假名)과 같으며,
공성은 실로 중도(中道)이다.

- 중론 제24 관사제품(觀四諦品)에서 -

처음에

붓다께서는 전에 고행림(苦行林)에서 6년에 걸쳐 사람으로서는 짐작조차 하기 어려운 혹독한 고행을 하였음에도 불구하고 깨침을 얻지 못하시자, 그것이 올바른 수행의 길이 아님을 아시고, 곧 고행림에서 나오시어 가까운 나이렌자나강(R. Nairenjana)에서 목욕하신 다음, 마침 이웃 마을 촌장의 딸 수자타가 올린 유미죽(乳糜粥)을 받아 드신 뒤, 강 건너 나지막한 언덕에 늠름히 서 있는 핍팔라(pipphala)나무[37] 밑에 풀을 깔고 앉으시어 선사(禪思)에 드심으로써 그해 12월 8일(음) 새벽 서쪽 하늘에서 유난히 빛나는 별과 눈이 마주치는 순간 깨치셨다는 것은 널리 알려진 사실이다. 붓다께서는 고행을 통하여 양극(兩極)이 부조리(不條理)한 것임을 스스로 깨달으시고, 중도 만이 우리가 나아갈 합리적인 길임을 확인하신 것이다.

붓다께서는 성불하신 뒤 바라나시(Baranashi) 근교인 사르나트(Sarnath), 녹야원(鹿野苑)에서 고행림에서의 옛 도반인 다섯 비구를 상대로 처음으로 하신 설법, 곧 초전법륜(初轉法輪)에서

---

37) 성불하신 뒤에 붓다의 성불을 기리는 뜻에서 보리수(菩堤樹)라 부르게 되었다.

"다섯 비구여! 마땅히 알라. 도를 닦는 모든 사람으로 배워서는 아니될 두 가지 치우친 행(行)이 있으니, 하나는 욕심과 향락의 하천(下賤)한 업(業)으로 범인(凡人)의 행에 집착하는 것이요, 둘은 스스로 번거로워하고 스스로 괴로워하는 것으로, 성현(聖賢)의 법이 아닌 것이고 도리에 맞지 않는 일이다. 다섯 비구들이여! 이 두 가지 치우친 행을 버리고 중도를 취하면 밝음에 이르고 지혜를 이루며 선정(禪定)을 성취하여 자재를 얻고 지혜로 나아가고 깨달음으로 나아가며 열반으로 나아가게 된다."[38]

라고 하시어, 중도의 길을 밝히셨다. 중도는 위에서 살펴본 연기법 및 '공'과 궤(軌)를 같이하는 것임은 인도의 용수보살이 그의 중론에서 설명한 바와 같다. 곧, 모든 '것'은 인연의 화합으로 여러 인자(因子)가 모여 만들어진 것이어서, 어느 하나 본래부터 그 스스로의 실체성을 지니는 것이 없어 모두 '공'한 것이며, '공'한 것은 본래부터 스스로 존재한 것이 아니고 그렇다고 아무것도 없는 것도 아니어서 중도라고 한다고 밝혔다. 그러므로 '중도'는 앞에서 본 연기법과 '공'의 연장선상(延長線上)에서 그 의의를 엿볼 수 있는 것이라고 할 수 있다.

---

38) 중아함 56: 204 라마경(羅摩經) 제3에서.

1. 중도란?

붓다 재세 당시의 인도에서는 견디기 어려운 고행을 참으면서 수행하는 이를 최고의 수행자로 받들고, 또 그러한 고행만이 깨달음에 이르게 한다는 생각이 지배적이었다. 그렇기 때문에, 당시 싯달타 왕자도 흑림산에서 사람으로서는 견디기 어려운 혹독한 고행을 하였지만, 궁극적인 깨침에 이르지 못하자, 자기의 육신을 괴롭히는 것만이 올바른 수행의 길이 아님을 깨닫게 된 것이다. 결국, 왕자는 흑림산을 나와 오늘날의 보드가야(BodhGaya) 동쪽을 지나는 나이렌자나강(尼蓮禪河: R. Nairenjana)에서 목욕을 한 다음, 그 마을 촌장의 딸 수자타가 바치는 유미죽(乳糜粥)을 받아 드시고, 건너편 나지막한 언덕에 늠름히 서 있는 핍팔라나무(Pipalla) 밑에 풀을 깔고 앉아 선사(禪思)에 드심으로써 스스로 연기법(緣起法)을 깨치시어 성불하시게 되셨음은 우리가 잘 아는 사실이다.

사람은 자기가 배우거나 경험한 바에 따라 으레 선입견이나 편견에 매이거나 집착하고 있는 바에 따르는 것이 통례(通例)이다. 그 뿐만 아니라, 자기가 처해 있는 사회나 집단에서 보편화된 관념에 순응하는 것이 보통이다. 그렇다 보니, 고식적인 흑백논리에 치우치기 쉽고, 결국 극단으로 치닫게 되는 예가 많은 것도 그 까닭이라고 할 수 있다. 그러나 양단(兩

端)이라고 하는 것이 따로 있는 것이 아니다. 무엇을 기준으로 하느냐에 따라 중간도 될 수 있고, 왼쪽 끝이나 오른쪽 끝이 될 수도 있는 것이다. 1m짜리 작대기의 경우, 그 작대기의 양쪽이 각각 끝이 되고 50cm의 위치는 중간이 되지만, 그 작대기를 반으로 자르면 25cm의 부분이 중간이 되고 50cm가 끝이 되는 것과 같다. 잡아함의 가전연경(迦旃延経)에서 붓다께서는 마하 가전연(摩訶 迦旃延) 존자에게 말씀하시기를:

"세간에는 두 가지 의지(依支)가 있으니, 혹은 있음이요, 혹은 없음이다. 잡음[執著] 때문에 부딪히고 잡음에 부딪히기 때문에 혹은 있음에 의지하고 혹은 없음에 의지한다. 만약, 이 잡음이 없으면 마음이 경계에 매이더라도 잡지 않고 머무르지 않으며 헤아리지 않게 하여, 내게 괴로움이 생기면 생기는 대로 두고, 괴로움이 사라지면 사라지는 대로 두어, 그것에 대하여 의심하지 않고 스스로 아나니, 이것을 바른 소견이라 하며, 이것을 여래가 벌여놓은 바른 소견이라 하느니라.

무슨 까닭인가? 세상의 모임을 참답고 바르게 알고 보면, 혹은 세간이 없다고 하는 사람은 있을 수 없을 것이요, 세간의 사라짐을 참답게 알고 보면 혹은 세간은 있다고 하는 사람은 있을 수 없을 것이다. 이것을 두 극단을 떠나 중도를 말하는 것이라 하나니, 이른바 이것이 있으므로 저것이 있고, 이것이 일어나기 때문에 저것이 일어난다…'는 것이다."

라고 하시어, 연기법과 연결 지어 있음[有]과 없음[無]이라는 양극을 떠난 중도(中道)를 바른 소견[正見]이라고 설명하신 것을 알 수 있다. 곧, 중도란 양극단을 떠난 것이지만, 그렇다고 양극단의 중간을 취하는 것도 아니다. 그것은 양극단을 거두어 잡으면서[攝取] 전체로서 조화로움을 잃지 않는 소견이라고 할 수 있다. 오늘날 우리의 주변을 보면, 진보 아니면 보수라는 진영논리에 매어 중도적인 타협을 찾아보기 힘든 상태임이 안타까울 뿐이다.

2. 중도의 내용

붓다께서 중도의 내용을 가장 이해하기 쉽게 말씀하신 예로 잡아함의 이십억이경(二十億耳経)[39]을 들 수 있다. 붓다의 제자 가운데 이십억이라는 비구가 있었다. 그는 부잣집 아들로 태어나 출가하였지만, 붓다의 제자들 가운데 스승의 가르침을 배워 익히고 수행함에 정진을 게을리하지 않는 측에 들었음에도 번뇌를 다 하지 못하였다. 그는 '나는 나름대로 최

---

39) 잡아함 9: 254 이십억이경.

선을 다하여 용맹하게 정진하였는데도 번뇌를 다하지 못하고 있으니, 차라리 환속(還俗)하여 집의 재물로 보시하여 복을 쌓는 것이 낫겠다.'고 생각하였다. 이십억이 비구의 속마음을 아신 붓다께서는 이십억이 비구를 부르시어 말씀하셨다.

"이십억이여! 그대는 속세에 있을 때 거문고를 잘 탔었는가?"

"그러하나이다. 세존이시여!"

"그대 생각에는 어떠한가? 그대가 거문고를 탈 때, 만약 그 줄을 너무 조이면 미묘하고 부드럽고 맑은 소리를 낼 수 있던가?"

"아닙니다. 세존이시여!"

"그 줄을 늦추면 과연 미묘하고 부드럽고 맑은 소리를 내던가?"

"아닙니다. 세존이시여!"

"줄을 잘 골라 너무 늦추지도 않고 조이지도 않으면 미묘하고 부드럽고 맑은 소리를 내던가?"

"그러하나이다. 세존이시여!"

"정진이 너무 급하면 들뜸을 더하고, 정진이 너무 느리면 사람을 게으르게 한다. 그러므로 그대는 마땅히 고르게 닦아 익히고 거두어 받아 집착하지도 말고 방일하지도 말며 모양을 취하지도 말라."

이 자상하신 설법을 들은 이십억이 비구는 항상 붓다의 가르침을 가슴 깊이 품고 가르침대로 함으로써 얼마 뒤에 아라한(阿羅漢)이 되었다고 한다. 거문고 줄에 비유한 붓다의 설법이야말로 중도의 참뜻을 온전히 보이신 좋은 비유설법(譬喩說法)의 예라고 할 수 있다.

한때, 붓다께서는 제자들을 모으신 자리에서 여러 가지로 수행에 관하여 가르치시면서 중도의 중요성을 강조하셨는데, 그 대표적인 예로 중아함의 구루수무쟁경(拘樓瘦無諍経)[40]을 들 수 있다. 그 경에서 가르침의 요점이라고 할 수 있는 부분을 본다면:

"탐욕의 즐거움의 지극히 하천한 업을 구하여 범부의 행을 짓지 말고, 또 자기의 고행이 지극히 괴로워 거룩한 행이 아니어서 이치와 서로 응하지 않는 것을 구하지 말라 함은 무엇 때문에 말하는 것인가? 탐욕의 즐거움의 지극히 하천한 업을 구하여 범부의 행을 짓지 말라 함은 한쪽에 치우친 말이요, 또한 자기의 고행이 지극히 괴로워 거

---

40) 장아함 43: 169 구루수무쟁경.

룩한 행이 아니어서 이치와 서로 응하지 않는 것을 구하지 말라 함도 또한 한쪽에 치우친 일이다. 탐욕의 즐거움의 지극히 하천한 업을 구하여 범부의 행을 짓지 말고, 또한 자기의 고행이 지극히 괴로워 거룩한 행이 아니어서 이치와 서로 응하지 않는 것을 구하지 말라 함은 이 때문에 말하는 것이니라.

이 두 가지 치우침을 떠나면 곧 중도가 있어 눈이 되고 지혜가 되어 자재로이 선정을 이루며, 지혜로 나아가고 깨달음으로 나아가며 열반으로 나아간다고 함은 무엇 때문에 말하는 것인가? 바른 소견과 내지 바른 선정의 여덟 가지 거룩한 길이 있다. 이 두 가지 치우침을 떠나면 곧 중도가 있어 눈이 되고 지혜가 되어 자재로이 선정을 이루며, 지혜로 나아가고 깨달음으로 나아가며 열반으로 나아간다고 함은 이 때문에 말하는 것이니라."

라고 하시어 중도의 중요성을 강조하셨는데, 위의 인용부분을 통해서도 알 수 있는 바와 같이 중도는 양극에 치우치지 않고 전체로서 이치에 부합되는 조화롭고 합리적인 길을 가리키는 것이다. 이러한 뜻에서 중도는 오늘날의 우리 마음에 깊이 새겨 행동지침으로 삼을 바라고 하겠다.

3. 중도와 '공'

위에서 이 법계(法界)의 모든 '것'은 그 스스로의 실체성을 지니고 있지 않음을 가리켜 '공'이라고 했다. 다시 말하면, 이 세상의 모든 '것'은 인연의 화합으로 여러 인자가 모여 이루어진 것이어서 본래 그 스스로 생겨나거나[自生] 스스로 존재하는[自有] '것'이 아니고, 따라서 그 스스로 내세울 수 있는 성질[自性], 곧 실체성이 없는 것이며, 그렇기 때문에 '공'한 것이다. 모든 '것'은 '공'한 것, 곧 그 스스로의 실체가 없이 여러 인자의 집합체에 지나지 않는 것이어서 딱히 있다고 할 것[有]이 없고, 그렇다고 아무것도 없는 것[無]도 아니다. 위의 '공'에 관한 설명 부분에서도 언급한 바와 같이, 사실 우리가 보는 '것'들은 허상(虛像)이다. 그러므로 '공'한 것은 있음[有]과 없음[無]을 떠난 중도라고 할 수 있다.

그러나 중도란 양극의 물리적인 중간을 뜻하는 것이 아님은 앞에서 언급한 바와 같다. 중도는 양극의 어느 쪽에도 치우치지 않고 양극을 아우르면서 전체로서 조화롭고 합리적인 것을 뜻하는 것으로서, '공'과의 관계에서 보는 중도도 그러한 차원의 것임은 물론이다. 사실, 붓다께서는 흑림산에서 6년에 걸친 혹독한 고행(苦行)을 통하여 중도를 깨달으시고, 나이렌자나강 건너 나지막한 언덕에 늠름히 서 있는 핍팔라

나무 밑에서 선사(禪思)하시던 중 연기법을 깨치시어 성불하셨다. 그러므로 중도와 연기는 붓다께서 스스로 깨치신 깨달음의 세계인 것이다. 모든 '것'은 인연의 화합으로 이루어진 것이어서 모두 '공'한 것이며, '공'하므로 모든 '것'은 그 스스로의 실체성(實体性: reality)이 있을 수 없고, 모든 '것'은 실체성이 없어 딱히 있다고 할 것도 없고 그렇다고 없는 것도 아니어서 바로 중도를 나타내며, 이 세상의 모든 '것'이 뗄 수 없는 연관관계의 틀 안에서 일시적으로 존재를 유지하고 있을 뿐이다.

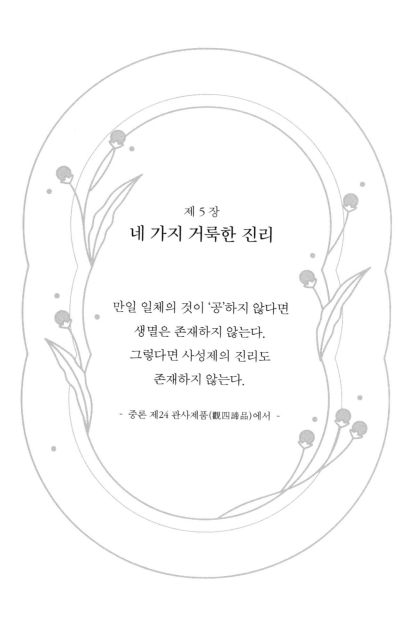

제 5 장
네 가지 거룩한 진리

만일 일체의 것이 '공'하지 않다면
생멸은 존재하지 않는다.
그렇다면 사성제의 진리도
존재하지 않는다.

- 중론 제24 관사제품(觀四諦品)에서 -

처음에

네 가지 거룩한 진리, 곧 사성제(四聖諦: four great truths)는 붓다께서 성불하신 뒤 지난날 흑림산에서 고행하실 때의 도반이었던 다섯 비구를 상대로 처음으로 펴신 설법, 곧 초전법륜에서의 주된 가르침이었을 뿐만 아니라, 45년에 걸친 재세 당시 모든 설법의 근간(根幹)이 되었고, 반열반(般涅槃)이 임박해서 바라문 장로 수발다라(須跋陀羅: Subhadra)에게 하신 마지막 설법 또한 사성제에 관한 내용이었을 정도로 중요한 가르침이다. 그뿐만 아니라, 붓다께서 열반에 즈음하여 제자들에게 남기신 유교(遺敎)에서 "삼장(三藏)이 있어 항상할 것이니, 이 인연으로 삼보(三寶)와 사성제(四聖諦)가 언제나 중생의 귀의처(歸依處)가 될 것이다."[41]라고 하시어 사성제를 삼보와 함께 중생이 귀의할 대상으로 말씀하셨음은 매우 뜻깊은 일이 아닐 수 없다.

한편, 인도의 용수보살은 그의 중론에서 "만일 일체의 것이 '공'하지 않다면 생멸(生滅)은 존재하지 않는다. 그렇다면 사성제(四聖諦)의 진리도 존재하지 않는다."라고 한 후 "만일 연(緣)으로부터 발생하지 않았다면 어떻게 괴로움[苦]이 존재

---

41) 저자, 열반경역해(하), 2018, 600쪽(역해: 608쪽).

하겠는가? 무상(無常)은 괴로움의 이치이지만 결정된 자성(自性)으로는 무상도 없다."[42] 라고 확언하였다. 앞에 언급한 바와 같이 모든 것은 스스로 생겨나 스스로 존재하는 것이 아니라, 인연이 닿아 여러 인자가 모여 이루어진 것이어서 '공'한 것이고, '공'한 것이기 때문에 스스로의 실체가 없이 노병사(老病死)의 괴로움[苦]이 따르기 때문에 사성제, 곧 네 가지 거룩한 진리가 있다는 것을 분명히 밝힌 것이다. 그러므로 연기법과 '공' 및 중도와 사성제는 뗄 수 없는 관계를 유지하는 것임을 알 수 있다.

그런데, 역사학을 주전공(主專攻)으로 하면서 생태적 관점에서 인류학과 생물학을 섭렵한 유발 하라리 교수는 삶이란 원래 괴로운 것으로 치부하면서, 그러한 괴로움은 통제할 수 없으니 방치하라는 것이 그의 처방이다. 이는 뒤에서 보는 것처럼 괴로움은 사라지게 할 수 있다는 붓다의 처방과는 다른 것임을 알 수 있다. 만일, 하라리 교수의 말처럼, 삶이란 괴로운 것이지만 그것을 없앨 수도 없는 것이라고 한다면 인간은 허무주의(虛無主義: Nihilism)에 빠지지 않을 수 없을 것이다.

사성제는 그 자체로서 이 책의 주제와 직접 관련되는 것은

---

42) 용수보살, 중론, 제24 관사제론(觀四諦論), 20, 21偈.

아니다. 그러나 앞에서 살펴본 모든 '것'의 상호연관성 내지 상호의존관계의 바탕이라고 할 수 있는 연기법과 '공'의 원리를 제대로 이해함으로써 모든 '것'과의 상호의존관계의 틀을 유지하고 생활화한다는 것은 그리 쉬운 일이 아니다. 아무리 보배 거리가 많은 산이 눈앞에 높이 솟아 있다고 해도 바른 길을 따라 스스로 오르지 않으면 그림의 떡에 지나지 않는다. 필요한 것은 실천이다. 그러나 올바른 실천을 위해서는 바른길을 알아야 한다. 사성제는 현실에 바탕을 둔 실천의 길을 보이신 가르침이다. 사성제를 바로 이해하여 괴로움을 없애는 길, 곧 팔정도를 바로 감으로써 인간이 직면하고 있는 괴로움을 없애고 모든 '것'의 상호의존관계를 온전히 유지할 수 있다. 여기에 사성제 곧 네 가지 거룩한 진리를 설명하려는 뜻이 있음을 밝혀 둔다.

I. 사성제의 내용

처음에

앞에서 본 바와 같이 사성제는 괴로움[苦]과 그 괴로움의 모임[苦集] 및 괴로움의 사라짐[苦滅]과 괴로움이 사라지는 길[苦滅道]을 구체적으로 밝힌 내용이다. 이들을 사(四) '성'(聖)제(諦), 곧

115

네 가지 '거룩한' 진리라고 부르는 것에 대하여 로페츠(Donald S. Lopez) 교수는 "진리 그 자체는 '거룩한' 것이 아니다. 그것이 '거룩한' 진리라고 불리는 것은 그것이 정신적으로 고귀할 만큼 진실한 것일 뿐만 아니라, 열반에 이른 최초의 통찰력을 증험(証驗)한 분이 사용한 기술적 용어라는 데에 연유(緣由)된다는 것이다."[43] 라고 주장하였다. 네 가지 거룩한 진리라고 할 때의 '진리'라거나 그 내용인 괴로움이나 그 원인 등은 그 자체가 거룩한 것이 아니지만, 깨친 분인 붓다의 가르침이 '거룩한' 것임을 나타내는 것이라는 뜻이다. 붓다께서 초전법륜에서 펴신 사성제, 곧 네 가지 거룩한 진리는 붓다께서 45년에 걸쳐 승속(僧俗)을 가릴 것 없이 가르치신 교설(教說)의 근간이 된 것이어서, 2세기경 인도의 용수보살(龍樹菩薩: Nagarjuna)이 그의 중관론(中觀論: Madhyamaka-Sustra)에서 "연기의 법을 본다면 능히 부처를 볼 수 있고, 괴로움[苦], 모임[集], 사라짐[滅]과 길[道]을 본다."라고 말할 만큼 중요한 의미를 지니고 있는 것임을 알 수 있다.

1. 사성제의 위치

붓다께서 성불하신 후 처음 설법으로 사성제, 곧 네 가지 거룩한 진리를 가르치신 내용을 담은 잡아함의 전법륜경(轉法

---

43) Lopez, Scientific Buddha, 2012, p. 62.

輪経)을 보면 다음의 네 가지 부분으로 나눌 수 있다.

　　첫째, 네 가지 거룩한 진리는 역사상 최초의 가르침이라
　　　　는 것,
　　둘째, 네 가지 거룩한 진리의 내용,
　　셋째, 네 가지 거룩한 진리의 실행,
　　넷째, 네 가지 거룩한 진리의 효과.

이들 가운데, 둘째와 셋째인 네 가지 거룩한 진리의 내용과 실행에 관해서는 뒤에 더 상세히 다루기로 하고, 여기에서는 첫째와 넷째에 대해서만 간단히 살펴보기로 한다.

　네 가지 거룩한 진리는 "본래부터 일찍이 듣지 못한 법"이라는 것이다. 다시 말하면, 붓다께서 스스로 깨치심으로써 처음으로 펴신 가르침이 사성제라는 뜻이고, 그 이전에는 누구도 사성제에 관한 교설(教說)을 편 예가 없어 들을 수 없었다는 것이다. 이는 사성제의 신규성(新規性)을 말한다. 네 가지 거룩한 진리는 그와 같이 처음 들을 수 있는 법이니, 바르게 잘 생각하라는 주의를 곁들이는 뜻이 담겨 있다고 할 수 있다.

　다음으로, 네 가지 거룩한 진리를 통하여 얻을 수 있는 효과에 대하여 말씀하신 것인데, 그것은 두 단계로 나눌 수 있

다. 하나는 네 가지 거룩한 진리를 바르게 생각함으로써 "눈, 지혜, 밝음, 깨달음이 생겼기 때문에 해탈하고 스스로 아누다라삼먁삼보리를 이루게 되었다."는 붓다의 경험을 밝히신 점이다. 한마디로 사성제, 곧 네 가지 거룩한 진리를 바르게 생각하고 올바로 실행함으로써 해탈하고 무상정등각(無上正等覺)을 이룬다는 것이다.

먼저, 사성제를 바르게 생각하면 "눈, 지혜, 밝음, 깨달음"[眼智明覺]이 생긴다고 한다. 여기에 '눈'이란 마음의 눈, 곧 심안(心眼)을 말하는데, 심안이란 육안(肉眼)에 대한 것으로, 사물을 살펴 바르게 아는 마음의 작용을 뜻한다. '지혜'는 슬기로움을 가리키고, '밝음'은 사리(事理)에 밝음을 뜻하며, '깨달음'은 사리를 터득하여 통달(通達)하는 것을 말한다.

다음으로, 사성제를 바르게 이해하여 '눈, 지혜, 밝음, 깨달음'이 생김으로써 '해탈하고 스스로 아누다라삼먁삼보리를 이루게 되었다.'고 한다. 그러므로 사성제를 올바로 알고 실행하면 스스로 깨달음에 이르러 해탈할 수 있는 것이고, 실제로 붓다의 초전법륜을 통하여 다섯 비구들 가운데 교진여가 제일 먼저 법의 눈[法眼]이 트여 붓다로부터 아냐타 콘단냐(阿若拘隣: Ajnata Kaundinya)라는 이름을 받기까지 하였음은 잘 알려진 사실일 뿐만 아니라, 뒤이어 나머지 네 비구도 모두 아라한이 되었음은 위의 경이 밝히고 있는 바와 같다. 사성제는 그처럼 심묘한 법이라는 뜻이다.

2. 사성제의 내용

사성제, 곧 네 가지 거룩한 진리는 괴로움의 거룩한 진리[苦聖諦], 괴로움의 모임의 거룩한 진리[苦集聖諦], 괴로움의 사라짐의 거룩한 진리[苦滅聖諦]와 괴로움이 사라지는 길의 거룩한 진리[苦滅道聖諦]를 말하고, 이를 줄여 흔히 고집멸도(苦集滅道)라 한다. 사람들은 누구나 할 것 없이 괴로움 속의 삶을 이어가고 있는데, 그러한 괴로움의 원인은 무엇인지, 괴로움은 없앨 수 없는 것인지, 괴로움을 없앨 수 있다면 그 없애는 길은 무엇인지를 밝히는 내용이다. 다시 말하면, (1) 사람들이 괴로움에 시달리고 있다는 사실을 인식하고, (2) 그러한 괴로움을 불러온 주된 원인은 삼독(三毒), 곧 탐욕(貪欲), 성냄[瞋恚]과 어리석음[愚痴]인데, (3) 그러한 괴로움은 벗어날 수 있고, (4) 괴로움에서 벗어나는 길은 바로 여덟 가지 바른 길[八正道: eight right paths]이라는 것이다.

붓다께서 네 가지 거룩한 진리를 말씀하신 것은 유능한 의사가 환자를 치유하는 과정에 비유할 만하다. 유능한 의사는 환자를 대하면 먼저 그 환자가 무슨 병을 앓고 있는지를 물어본 다음, 그 병이 왜 생겼는지, 곧 병의 원인을 밝히고, 그 병은 나을 수 있는 것인지를 검토한 다음, 나을 수 있는 병이라면 그 병을 낫게 할 약을 처방하여 줄 것이기 때문이다. 로페츠 교수도 사성제는 매우 과학적인 것임을 밝히면서, "이 네 가지의 차례는 의사들의 과학적 접근방법을 연상시킨다. 붓다는 먼저 증상(症狀: symptoms)을 확인하고, 진단(診斷: diagnosis)한 다음, 결과에 대한 예후(予後: prognosis)를 하여 필요한 약을 처방(處方: prescribe)한 셈이다.[44] 이제, 사성제의 내용을 살펴보기로 한다.

1) 괴로움

(1) 괴로움의 내용:

네 가지 거룩한 진리의 첫 번째 내용은 사람의 삶은 괴로움[苦: dukkha, suffering]의 연속이라는 것이다. 사람이 아무리 건강, 재물, 명예나 능력을 지니고 있다고 해도 우리는 결코 괴로움에서 벗어날 수 없으며, 산다는 것 자체가 괴로움이라는 것이다. 괴로움의 거룩한 진리[苦聖諦]는 그러한 우리의 삶의 실상(實相)을 제대로 인식하도록 하는 내용이다. 이렇게 말하면, 어떤 사람은 사람이 살아감에 있어서 괴로움이 있는 것은 사실이지만, 기쁘고 즐거운 경우도 적지 않지 않느냐?라

---

44) Lopez, op cit. p. 5.

고 반문할지도 모른다. 그러나 기쁨이나 즐거움은 일시적인 것에 그치고, 반드시 괴로움이 찾아오기 마련이다. 모든 것은 무상(無常: impermanence)한 것이어서, 기쁨이나 즐거움도 그 범주에서 벗어날 수 없다. 기쁨이나 즐거움이 사라지면 그에 집착하고 있던 사람은 곧 실망하고 정신적으로 괴로움을 느끼게 된다는 것은 우리가 실제로 많이 경험하는 일이다.

붓다께서 말씀하신 괴로움은 단순히 괴로움만을 뜻하는 것이 아니다. 삶의 실상을 말씀하신 붓다의 이 표현은 더욱 깊은 철학적 의미를 함축하고 있다. 괴로움의 거룩한 진리에서 '괴로움, 곧 'dukkha'라는 말에는 흔히 말하는 괴로움에 더하여, "만상(万象)은 무상(無常)하고 무아(無我)이기에 모든 것은 괴로움이다."라는 깊은 뜻이 함축되어 있다고 본다.[45] 그렇기 때문에 샤리푸트라(舍利弗: Sariputra) 존자는 중아함의 분별성제경(分別聖諦経)[46]에서 "어떤 것이 고성제(苦聖諦)인가? 이른바 태어남은 고통이요, 늙음은 고통이며, 병드는 것은 고통이고, 죽음은 고통이며, 원수와 만남이 고통이고, 사랑하는 사람과 헤어짐은 고통이며, 구하여 얻지 못함은 고통이니, 간략하게 줄여서 오온(五蘊)에서 일어나는 고통이니

---

45) Rahula, What the Buddha Taught, 1959, p.17.
46) 중아함 7: 31 분별성제경.

라."라고 설명하였지만, 바로 "오온에서 일어나는 고통"이라고 하는 표현으로 모든 성질의 고통이 포괄(包括)된다.

괴로움의 거룩한 진리, 곧 고성제의 내용을 이루는 괴로움은 흔히 말하는 괴로움(suffering)과 고통(pain)을 아우르는 말이다. 괴로움은 정신적인 경우가 많지만, 육체적으로 고통스러운 경우도 있고, 나아가 정신과 육체의 양면에 걸치는 것일 때도 있다. 그러나 정신적 고통과 육체적 고통을 처리하는 두뇌의 과정을 보면 정신과학적으로 볼 때 놀라울 정도로 동일하다는 연구 결과가 발표된 적이 있다. 뇌에서 신체적 고통을 처리하는 영역이 정신적 고통을 겪을 때도 똑같이 활성화된다는 사실이 밝혀졌다는 것이다. 그러니, 정신적인 괴로움이라고 하건, 육체적인 고통이건 가릴 것 없이, 모든 괴로움은 결국 마음과 연결된다는 것을 알 수 있다. 그렇기 때문에 뒤에서 보는 바와 같이 괴로움의 원인은 대부분 마음에서 만들어지는 것이다.

괴로움의 거룩한 진리는 네 가지 거룩한 진리, 곧 사성제의 출발점이기 때문에 매우 중요한 의미가 있다. 괴로움에 대한 정확한 이해 없이는 네 가지 거룩한 진리의 나머지 부분으로 나아갈 수 없다. 왜냐하면, 괴로움이 무엇인지를 정확히 알지 못하면 원인을 추구할 수 없고, 원인을 모르면 괴로움에서 벗어나는 길을 정확히 알기 어렵기 때문이다. 그렇기 때문에, 붓다께서는 잡아함의 전법륜경(轉法輪経)에서 네 가지 거룩한 진리에 관해서 설명하시면서 "마땅히 바르게 생각하라."라고 거듭 다지시고, 괴로움의 실상을 바르게 이해하고 그에 대한 확신을 갖도록 말씀하신 것이다.

붓다께서 괴로움의 대표적인 예로 자주 말씀하신 생로병사(生老病死)를 비롯한 팔고(八苦), 곧 여덟 가지 괴로움에 관하여 간단히 살펴보려고 한다.

(i) 생로병사(生老病死): 사람이 태어나 삶을 유지하다가 늙고 병들어 죽는 괴로움, 곧 생로병사를 네 가지 괴로움[四苦]이라고 한다. 생로병사의 괴로움은 사람이 면할 수 없는 네 가지 큰 괴로움으로서, 본원적이라고 할 수 있다.

먼저, 생(生), 곧 난다는 것에는 두 가지 뜻이 함축되어 있다. 하나는 모태(母胎)에서 태어난다는 뜻이고, 다른 하나는 삶을 이어간다는 뜻이다. 태어나서 산다는 것을 말한다. 사람은 태어나는 순간부터 고통이 시작된다고 해도 과언이 아니며, 아이가 처음 세상에 나오면서 고고(呱呱)의 소리를 지르는 것도 어쩌면 괴로움에 대한 처음 반응인지도 모른다. 사람은 태어나면 수많은 시련을 겪으면서 성장하고, 성인이 되면 결혼함으로써 새로운 생활 단위로서의 가정을 이루어 또다른 세대(世代)를 창출하면서 삶을 이어간다. 그러나 이 삶의 과정은 누구 할 것 없이 평탄하지만은 않은 것이 보통이며, 거의 모든 사람이 '나'와 '내 집', '내 가족'을 위하여 헌신함은 물론, 그 '나', '내 집'과 '내 가족'은 남이나 남의 가족보다 나아야 하고, 더 가져야 한다는 생각에 매어 산다. 그러나 그러한 집념은 생각에 그치고, 뼈를 깎는 노력에도 불구하고 현실과는 거리가 먼 것이다보니 마음이 편할 리가 없다. 그러니 사람이 산다는 것 자체가 괴로움인지도 모를 일이다. 더욱이, 사람은 30대 후반 정도만 되어도 활력(活力)이 종전만 못하고 나이가 들어감을 느끼기 시작하며, 그렇게 되면 마음이 급해지고, 만사에 초조함이 더해 간다.

둘째로 들 수 있는 것은 늙음이다. 늙음은 시간의 문제일 뿐, 누구에게나 찾아드는 불청객이다. OECD의 2018년 기준 한국의 남녀 평균수명은 83세에 이르고, 남자의 경우도 81.5세에 이르렀으니, 지난 약 40년 사이에 평균수명이 약 20년가량 연장된 셈이다. 노인의 기준을 현재의 65세로 보는 경우 우리나라는 이미 노인인구가 전체인구의 14% 이상을 차지함으로써 고령사회로 접어든 것이다. 사람들은 늙음을 여간 불안하게 생각하는 것이 아니다. 그러나 늙음이란 나이가 들어감에 따라 스스로 찾아오는 것이어서, 우리가 어찌할 수 있는 것이 아니다. 그런데도, 사람들은 늙음으로써 사회의 일선에서 밀려나는 불안은 물론, 건강과 경제적 문제에 대한 불안뿐만 아니라, 주변 상황의 변화에 따르는 고독감이 보통이 아니다. 그러니, 늙는다는 것은 생각만 해도 괴로움 그 자체인 셈이다. 거기에 더하여 늙는다는 것은 죽음에의 시간적 근접을 뜻하는 것으로 인식되므로, 죽음에 대한 불안과 겹쳐 노인의 정신적 불안을 더욱 증폭시킨다고 할 수 있다.

셋째는 병(病)이다. 병은 노인에게만 있는 것이 아니고 나이와 관계없이 찾아들 수 있지만, 특히 노인은 병을 끼고 산다고 해도 과언이 아니다. 그런데, 노인의 병은 국부적(局部的)이라기 보다 오히려 전신적인 영향의 것이라고 할 수 있고, 그러한 점에서 소아(小兒)의 질병과 비슷한 특징을 볼 수 있는 셈이다. 저자가 의료분야(医療分野)에서 노인의학과(老人医學科)의 필요성을 주창하는 소이(所以)도 바로 노인 질병의 특징 때문이다. 아무튼, 노인이 되면 정도의 차이는 있으나 병에 시달리는 나날을 보낸다고 해도 과언이 아니며, 병원을 찾는다고 해도 노인의 특성을 감안함이 없이 각종 검사에 시달림을 호소하지 않을 수 없게 만드는 것이 현실이니, 그 괴로움이란 말로 다 할 수 없을 것임은 짐작하고도 남음이 있다.

마지막으로 들 수 있는 것은 죽음이다. 이 세상에 생겨난 것 치고 기간의 장단(長短)에는 차이가 있을망정 사라지지 않는 것은 하나도 없으며, 사람도 그 예외일 수는 없다. 태어나지 않았다면 죽을 것도 없지만, 태어났기 때문에 죽는 것이다. 이치가 그러함에도, 사람들은 죽음을 두려워하고, 그 두려움을 미루거나 죽음으로부터 멀어지려고 애를 쓰니, 그 얼마나 처절한 일인가? 죽음이란 왔으니 돌아가는 것뿐이다. 그래서 '죽었다'는 것을 흔히 '돌아갔다'라고 하는가 하면, 영어로도 '죽었다'는 것을 보통 '지나갔다'(passed away)라고 하는 것 아닐까 싶다. 오로지 '공'의 이치를 터득할 뿐이다.

(ii) 애별리고(愛別離苦) 등 사고(四苦): 먼저 애별리고, 곧 사랑하는 이와 헤어지는 괴로움은 원래 사람을 대상으로 한 경우를 상정(想定)한 것이나, 더 넓게 스스로 아끼고 좋아하는 물건까지도 포함하는 개념으로 볼 수 있을 것 같다. 사람들은 스스로 사랑하고 좋아하여 아끼는 사람이나 물건은 늘 자기의 주변에 있을 뿐만 아니라 변하지 않기를 바란다. 그런데 뜻하지 않게 사랑하는 이와 헤어진다거나 자기가 좋아하

고 아끼는 것이 망가지거나 없어지면 고뇌(苦惱)에 싸이게 된다. 이를 애별리고라고 한다.

둘째 원증회고(怨憎會苦), 곧 원수와 만나는 괴로움이니, 원망하거나 증오하는 사람을 만나는 것을 좋아할 사람은 아무도 없을 것이다. 사람들은 많은 경우에 자기 뜻에 맞지 않는 사람에게 화를 내고, 자기나 자기와 가까운 사람에게 해를 끼친 사람을 원망하면서, 그러한 사람과는 상종(相從)하기조차 싫어하는 경우가 많다. 그러니, 그러한 원망이나 증오의 대상인 사람을 만나는 것을 좋아할 사람은 흔하지 않을 뿐만 아니라, 우연이라도 만나는 것 자체를 괴롭게 생각할 것임은 짐작할 만하다.

셋째로 구부득고(求不得苦), 곧 구하여도 얻을 수 없는 괴로움이다. 구한다고 모두 얻을 수 있다고 가정한다면 이 세상의 괴로움은 적어도 반감(半減) 될 것 같다. 그러나 우리가 구하는 것 치고 그에 상응한 노력 없이 얻을 수 있는 것은 없을 뿐만 아니라, 제법 노력하여도 얻어지지 않는 경우가 많은 것이 현실이다. 나름의 노력을 하였음에도 불구하고 구하는 것을 손에 넣을 수 없는 사람으로서는 괴로움이 적지 않을 것임은 짐작할 만하다.

마지막으로, 오온성고(五蘊盛苦), 곧 오온이 불같이 일어나 치성하여 생기는 괴로움이다. 오성음고(五盛陰苦)라고도 한다. 오온, 곧 물질[色], 느낌[受], 생각[想], 뜻함[行] 및 의식[識]은 불교에서의 존재인식법을 이루는 것으로, 모든 '것'은 오온이 화합하여 일시적으로 존재하는 것일 뿐이라고 한다. 그러나 그러한 '것'을 향한 바람이 치성하여 그에 얽매이게 된다면 거기에서 필연적으로 초래될 고뇌가 어떠할지는 짐작할 수 있는 일이다. 오온성고는 문자 그대로 '오온개공'(五蘊皆空)을 모르는 데에서 오는 것임은 물론이다.

앞에서 본 여덟 가지가 붓다께서 예로 드신 괴로움의 전형적인 팔고(八苦)이다. 이에 대하여, 로페츠 교수는 "철기시대(鐵器時代) 인도에 살던 고행자로서 2.500년을 지난 정보시대(情報時代)에도 역시 정확히 해당하는 사실을 어떻게 말할 수 있었을까?"[47]라고 감탄의 의문을 던진 데 대하여 우리는 공감하지 않을 수 없다. 붓다의 사고나 팔고와는 달리, 진화론자 다윈(Charles Darwin)은 고통(苦痛: pain), 변화(変化: change)와 연(緣: condition)의 세 가지를 든다. 첫째와 둘째의 괴로움은 통상적으로 이해되는 괴로움이므로, 여기에서는 셋째, 곧 연 또는 조건에 대해서만 간단히 보려고 한다. 우리의 몸과 마

---

47) Lopez, op. cit. p. 125.

음을 포함하는 모든 존재는 인(因)과 연(緣), 곧 인연의 지배를 받으나, 우리는 연을 어찌할 수 없고, 오직 그에 따를 뿐이므로 괴로움이라고 한다는 것이다. 그러나 연에도 행위와 관련되는 것이 있어, 좋은 연이 있는가 하면 나쁜 연도 있는 것이고, 그 좋고 나쁨, 곧 선악(善惡)은 오로지 행위자인 우리에게 매인 것임을 유의할 일이다.

2) 괴로움의 모임:

괴로움의 모임의 거룩한 진리, 곧 고집성제(苦集聖諦)는 괴로움의 원인을 밝힌 내용이다. 붓다께서는 수많은 기회에 괴로움이 일어나는 원인에 관해서 되풀이 하여 말씀하셨는데, 그것은 원인 없이는 괴로움이 일어날 수 없고, 괴로움의 원인을 정확히 알지 못하면 그것을 고칠 수 없기 때문이다. 마치 의사가 환자의 병의 원인을 정확히 모른다면 그 병을 고치기 위한 좋은 약을 처방하기 힘든 것과 같다. 붓다께서 보드가야의 나이렌자나강 가 언덕의 보리수 밑에서 스스로 무상등정각(無上等正覺)을 이루셨을 때 깨치신 연기법은 모든 존재하는 '것'은 인연의 소산이라는 것이다. 그러니 괴로움인들 그 원인이 없을 수 없음은 당연한 일이다.

샤리푸트라 존자는 분별성제경(分別聖諦經)에서 괴로움의

모임의 거룩한 진리에 관하여 설명하기를 "어떤 것이 고집성제인가? 중생에게는 실로 사랑하는 안의 여섯 곳이 있으니, 눈, 귀, 코, 혀, 몸과 뜻[眼耳鼻舌身意]이 그것이다. 그중에서 만일 애욕(愛欲)이 있고, 더러움이 있으며, 물듦[染着]이 있고, 집착(執着)이 있으면 이것을 모임이라 한다. …만일, 처자(妻子), 종복(從僕), 권속(眷屬) 또는 토지, 가옥, 상점, 이자를 붙이는 재물을 사랑하여 직업을 위하여 애정이 있고, 더러움이 있으며, 물듦이 있고, 집착이 있으면 이것을 모임이라 한다. …이와 같이 바깥 곳과 닿음, 느낌, 생각, 뜻함[触受想行]의 애정도 또한 그와 같다. 중생에게는 실로 사랑하는 육계(六界)가 있으니, 지계(地界)와 수(水), 화(火), 풍(風), 공(空) 및 식계(識界)가 그것이다. 그중에서 만일 애정이 있고, 더러움이 있으며, 물듦이 있고, 집착이 있으면 이것을 모임이라 한다."라고 하여, 괴로움은 눈, 귀, 코, 혀, 몸과 뜻[眼耳鼻舌身意]이라는 육근(六根)에서 비롯되는 것으로서, 그에 대한 애정, 더러움, 물듦과 집착이 있으면 바로 그것이 괴로움의 원인이 되는 것이라고 밝혔다. 그러한 육근이 마음과 합작(合作)으로 괴로움의 원인을 만들어 낸다는 것이다. 여기에서 '모임'은 집(集)을 번역한 것으로, 괴로움을 이루는 것들, 곧 원인을 말한다.

　괴로움을 일으키는 원인으로 일반적으로 드는 것은 삼독(三

毒), 곧 탐욕(貪欲), 성냄[瞋恚]과 무명(無明)이다. 사람들은 이 삼독이 불러오는 독인 줄도 모르고 그에 집착함으로써 괴로움을 키워 계속 끌고 간다. 이러한 괴로움의 원인에 가세하는 것이 업(業: karma)인바, 이들을 나누어 살펴보려고 한다.

(1) 무명(無明: Avidya, ignorance):

불교에서 말하는 무명이란 바르게 알지 못하는 것을 말하는데, 무엇을 바르게 알지 못한다는 것인가? 이 순간의 존재의 실상이다. 무명은 제대로 알지 못하고, 혼동하고, 여러 현상의 존재에 대해서 이해하지 못하는 것을 가리키기 때문에, 그것은 잘못을 저지르는 원인이 된다. 다만, 불교에서 말하는 무명은 교육이나 통상적인 지식의 부족을 뜻하는 것이 아니라, 존재의 허망함에 대한 무지(無知)를 가리키는 것이다. 존재하는 모든 '것'은 그것이 본래부터 스스로 그러한 실체(實体)를 갖춘 것으로 알고, 그렇기 때문에 존재하는 '것'은 오래도록 그대로 있을 것으로 생각하며, 특히 '나'라는 자기는 다른 것과는 다른 특별한 실체로 생각하는 것이 보통이나, 바로 그러한 관념에 젖은 마음의 상태를 무명이라고 한다. 결국, 연기법과 '공'에 대해서 제대로 알지 못하는 것이 무명에 귀착(歸着)되는 것이다. 여기에 있어서 '본래의 존재'라는 관념은 가장 근본적인 형태의 무명이고 가장 기본적인 잘못이어서 모든 괴로움의 근본적인 원인이 되는 것임을 알아야 한다.

사람들은 무명으로 인해서 뒤에서 보는 바와 같은 탐욕과 성냄[瞋恚]에 빠지고, 그럼으로써 괴로움의 늪에서 벗어나지 못한다. 12지인연(十二支因緣)의 첫머리에 무명을 두고, 무명이 사람이 태어나서부터 괴로움에 허덕이게 하는 인연 고리의 시작임을 분명히 하신 것도 바로 그 때문이다. 만일, 사람이 무명에서 벗어나 존재의 실상을 제대로 이해할 수 있게 된다면 탐욕과 성냄에 매일 까닭이 없고, 그렇다면 괴로움이 일어날 여지가 없는 일이다. 이에 관해서, 달라이 라마(the Dalai Lama)는 "우리가 윤회를 통해서 겪는 괴로움은 우리의 탐욕적인 생각이 끌어내는 이기적인 행동에서 비롯되는 것이다. 우리의 자기중심적인 행동은 결국 우리의 불행을 불러오고, 부도덕한 행동을 반복함으로써 더욱더 비참하게 하는 경향이 있는데, 그것은 그 바탕에 '나'라는 고유한 실체가 있는 것으로 아는 잘못이 도사리고 있다."[48]라고 단언하였는데, 무명이 근본적인 문제임을 일깨우는 말이다.

(2) 탐욕(貪欲: tanha, craving):

탐욕이란 자기의 뜻에 맞는 사람이나 물건 또는 일에 애착

---

48) the Dalai Lama, A Profound Mind", 2011, p. 41.

을 느끼고 갈망하여 만족할 줄 모르고 그에 집착하는 것을 말하는데, 탐애(貪愛) 또는 갈애(渴愛)라고도 한다. 탐욕은 사람이 살아가는 데 있어서 꼭 필요한 것에 대한 요구를 말하는 것이 아니라, 자기가 바라는 것을 탐하고, 그에 집착하는 것을 말한다. 그러므로 탐욕은 일반적으로 오욕(五欲), 곧 색욕(色欲), 재욕(財欲), 명예욕(名譽欲), 식욕(食欲) 및 수면욕(睡眠欲)과 관련된다. 탐욕은 자기 자신조차 그 실체를 제대로 알지 못하는 '나'라는 것을 바탕에 깔고 있다. 모든 면에서 '나'를 앞세우고, 그 '나'를 남과 구분하면서, 그 '나'는 남보다는 조금이라도 나아야 하고, 더 가져야 하며, 더 뜻대로 할 수 있어야 한다는 생각과 연관되어 일어나는 욕망이 곧 탐욕이다. 그러나 정작 그 '나'라는 것이 과연 무엇인지는 자기 자신도 잘 모름은 물론, 몇 년을 두고 참 '나'가 무엇인지를 추구하는 선승(禪僧)들조차 그 뜻을 이루지 못하는 것이 보통이니, 딱한 일이 아닐 수 없다.

일반적으로 볼 때, 탐욕은 자기의 능력, 처지 또는 조건이나, 그 탐욕의 대상이 되는 것의 상태나 그것을 얻기 위한 조건 등을 깊이 생각하지 않고, 거의 맹목적으로 자기의 주관적인 욕구에 매달려 헤어나지 못하는 속성(俗性)을 가지고 있다. 그렇기 때문에, 탐욕 그 자체가 괴로움이라고도 할 수 있다. 탐욕에 매여있는 한 그에게 만족이란 있을 수 없고, 언제나 부족함에 허덕이는 나날을 보내기 마련이다. 왜냐하면, 한때 그가 바라는 것의 전부나 일부가 이루어졌다고 가정하더라도 그 이루어진 것은 곧 변하고 사라지는 것이기 때문이다. 생겨난 것은 어느 하나의 예외도 없이 모두 변하고 사라지기 마련이고, 그것이 곧 우주의 진리이다.

탐욕은 항상 '내 것은 내 것이고, 네 것도 내 것이다.'라는 생각에 더하여 '나는 돌려줄 생각이 없고, 오히려 더 원한다.'라고 외친다고 한다.[49] 우리도 탐욕스러움을 나타낼 때, 우스갯소리로 '내 것은 내 것, 네 것도 내 것'이라는 말을 하는 경우가 있는데, 매우 적절한 비유인 것 같다. 탐욕의 더 큰 문제는 집착을 수반한다는 점이다. 탐욕은 늘 마음이 그에 쏠리고 매달림으로써 탐욕에서 벗어나지 못하게 하는 속성이 있다. 그래서 탐욕을 흔히 괴로움을 낳는 암세포에 비유하는 것이고, 그 암세포는 바로 앞에서 본 무명으로부터 촉발된다.

(3) 성냄[瞋恚:hatred]:

성냄이란 증오하고 화내는 것을 가리키는 것으로, 괴로움의 중요한 원인의 하나이다. 사람들은 자기가 좋아하지 않는

---

49) Ven Howley, The Naked Buddha, 2003, p. 53.

것을 대하면 싫어하거나 화를 내는 경우가 많다. 물론, 싫어하고 화내는 경우가 모두 여기에서 말하는 진에, 곧 성냄은 아니다. 성냄은 감정의 작용으로, 정도의 문제라고 할 수 있다. 단순히 싫어한다거나 화를 내는 데 그치지 않고, 상대를 증오하고 격하게 성내는 경우를 가리키는 것이 보통이다. 그러한 진에는 진에심(瞋恚心)을 일으킨 사람의 마음을 극도로 동요시키고, 자신도 감정을 억제하지 못하는 수준에 이르게 함으로써 괴로움을 낳고, 진에는 진에를 불러 시간이 갈수록 더 깊어지기 마련이다.

그러나 진에, 곧 누구를 증오한다거나 무엇인가에 대하여 화를 낸다는 것은 엄격히 말하면 자신의 마음의 작용에 불과하다. 화를 낸다거나 증오심을 일으키는 것은 자기 혼자서 하는 짓이다. 누가 증오심을 가져다준 것이 아니고, 누가 화를 건네준 것도 아니다. 누군가의 행위나 어떤 상태를 보고 그것이 자기 생각에 맞지 않거나 자기가 싫다고 생각할 때 스스로 그에 대한 증오심을 일으킨다거나 화를 내는 감정의 상태를 만드는 것이다. 만일, 누가 모욕적인 말을 하거나 욕을 하는 경우에 그에 반응하지 않고 그것을 받아들이지 않으면, 오히려 상대방의 마음이 불안해질망정 자신에게는 아무런 영향도 없이 지나가고 말 일이다. 그러므로 진에심을 일으킨 사람이 스스로 괴로워할 뿐, 상대방은 자신을 증오하거나 미워하고 있는 사실조차 모르고 있는 경우가 많으며, 이것은 진에심의 특색의 하나라고 할 수 있다. 그렇기 때문에, 증오나 화는 육체적, 정신적으로 자기 자신을 괴롭힐 뿐, 상대방에게는 별 영향이 없다. 그러므로 진에라는 병을 일으키는 적(敵)은 바로 자기 자신임을 알아야 한다.

(4) 업(業: karma):

업이란 불교적 개념의 하나로, 사람이 생각하고 말하며 행동하는 것과 그로부터 파생되는 기(氣) 또는 에너지(energy)를 가리키는 것이며, 간단히 말하여 짓는다거나 행위(行爲: behavior)라고 할 수 있다. 이러한 행(行)은 뜻, 입이나 몸으로 이루어지는 것이라는 점에서 신구의(身口意) 삼업(三業)이라고도 한다. 입은 마음과의 관계에서 사업(思業)과 사이업(思已業)으로 나눌 수 있는데, 뜻으로 짓는 정신 내부의 의업(意業)을 사업(思業)이라고 하고, 뜻을 정하여 그것이 외부로 표현되는 구업(口業)과 신업(身業)을 사이업이라고 한다. 또 행이 좋은 내용의 것인지의 여부에 따라 선업(善業)과 악업(惡業)으로 나눈다.

로페츠 교수는 "업은 욕망(慾望: desire)과 혐오(嫌惡: hatred)를 바탕에 두며, 욕망과 혐오는 무명(無明: ignorance)으로 인하여 일어난다. 그러므로 만일 무명이 없어진다면 욕망과 혐오는 그 바탕을 잃고, 욕망과 혐오가 없으면 행위를 일으킬 것이 없어 업이 생길 여지가 없다. 무명을 종식(終熄)시킬 지혜를 기름으로써 새로운 업이 생겨나지 못하게 함은 물론, 과거의 행위로 인한 업의 종자를 없앨 수 있다."[50]라고 한다. 결국, 무명 또는 어리석음이 모든 괴로움의 원인을 낳는 근간(根幹)임을 알 수 있다.

흔히 업이라고 하면 악업을 가리키는 경우가 많기 때문에, 업은 언제나 나쁜 것으로 오해하는 경우가 있으나, 앞에서 언급한 바와 같이 업은 모두 나쁜 것이 아니고, 선업도 악업 못지않게 많음을 알아야 한다. 괴로움의 원인으로 작용하는 것은 두말할 것 없이 악업임은 물론이다. 선업과 악업은 열 가지 기준에 의하여 분별 되는 것이 보통인데, 십선업(十善業)과 십악업(十惡業)이 그것이다. 먼저, 십악업 가운데 세 가지는 몸으로 짓는 것으로서, 살생하고 도둑질하며 사음(邪婬)하는 것이 그것이고, 다음의 네 가지는 입으로 짓는 것으로서, 거짓말하고 이간질하는 말을 하며 꾸밈말을 하고 나쁜 말을 하는 것이 그에 해당하며, 끝으로 세 가지는 마음으로 짓는 것으로, 성내고 삿된 소견을 가지며 매사에 분별을 일삼는 것이

50) Lopez, op. cit., p. 57.

다. 십선업은 위에서 본 악업에 반대되는 것을 말한다.

 업 가운데 악업은 우리가 괴로움의 늪에 빠져들게 하는 원인 가운데 하나이다. 연기법에 의하면 모든 것은 원인이 있고 거기에 연(緣), 곧 조건이 화합(和合)하여 그에 상응하는 결과가 생긴다. 예를 들면, 씨앗이 있고 그 씨앗이 땅에 떨어져 적당한 수분과 태양열을 받게 되면 싹이 트고 자라서 어엿한 나무가 된다. 그때, 땅에 떨어진 씨앗이 콩이면 콩이 날 것이고, 팥이면 팥이 날 것이며, 좋은 씨앗이면 튼튼하고 좋은 싹을 틔울 것이고 좋지 않은 씨앗이라면 온전하지 못한 싹을 틔울 수 있는 것과 같은 이치이다. 마음, 입 또는 몸으로 나쁜 행을 하면 좋지 않은 결과가 올 것은 당연한 일이어서, 악업은 괴로움의 원인이 된다고 하는 것이며, 업이 있으면 시간의 길고 짧음에 차이는 있을지언정 언젠가는 그에 따르는 결과가 반드시 나타나는 것이 원칙이다. 비유컨대, 2005년에 이스라엘의 한 고고학자가 유적발굴 과정에서 발견한 약 2000년 된 대추야자의 일종인 야자나무[51] 씨앗을 심어 싹을 틔우는 데 성공하였다거나, 경남 함안군에 있는 성산산성의 유물발굴 작업을 하던 중 지하 약 4~5m의 연못 터에서 발견된 약 700년 된 연(蓮)의 씨앗을 심어 가꾼 결과 싹을 틔워 아름다

51) 이미 1,500년 전에 멸종(滅種)된 것으로 알려진 종(種)이다.

운 분홍 꽃을 피우기까지 한 것도 비슷한 예라고 할 수 있다.

여기에서 한 가지 분명히 할 것은 마음의 중요성이다. 마음으로 짓는 생각은 그것만으로는 밖으로 나타나지 않기 때문에, 어떤 생각을 해도 무방할 것으로 생각하기 쉬우나, 생각은 그 자체로서 의업(意業)을 이룸으로써, 밖으로 드러나는 다른 업과 다를 것이 없다. 마음은 몸을 움직이는 동력이다. 그래서, 붓다께서는 "마음이 가는 곳에 몸이 간다."라고 하신 것이다. 마음이 집착으로 가득 차 있는 경우에는 자연히 몸은 그것을 실현하려고 든다. 잘못된 생각은 그 자체가 잘못된 행동의 인(因)이 된다는 말이다.

사람은 매 순간 무엇인가를 생각하고 그에 따라 행동함으로써 선업이나 악업을 가릴 것 없이 업을 짓고 있는 것이며, 그것은 곧 앞으로 자신에게 싹을 틔울 씨앗인 업이다. 업은 지금 곧 결과가 나타날 수도 있고, 1년이나 10년 뒤 또는 내세(來世)에 나타날 수도 있지만, 반드시 싹을 틔운다. 그러니, 얼마나 무서운 일인가?

3) 괴로움의 사라짐
괴로움의 사라짐의 거룩한 진리, 곧 고멸성제(苦滅聖諦)란

139

사람이 직면하고 있는 괴로움은 사라지게 할 수 있다는 것이다. 앞에서 본 괴로움의 거룩한 진리와 괴로움의 모임의 거룩한 진리를 말하면 잘 모르는 사람은 불교는 허무주의(虛無主義: nihilism)에 가까운 것처럼 오해할 수가 있다. 그러나 불교는 허무주의가 아님은 물론, 소극적인 것도 아니고, 구태여 말한다면 오히려 현실을 바로 본 실용적인 종교이다. 괴로움의 사라짐의 거룩한 진리, 곧 고멸성제(苦滅聖諦)는 앞에서 본 바와 같이 인간의 괴로움은 없앨 수 있다는 진리를 천명한 것이다. 만약 인간은 괴로움에서 벗어날 수 없는 숙명적(宿命的)이라고 한다면 참으로 염세주의(厭世主義: pessimism)나 허무주의에 빠질 위험을 배제하기 어려울 것이다. 그러나 인간이 직면하고 있는 괴로움은 없앨 수 있다니 얼마나 고무적이고 희망에 찬 소식인가? 괴로움의 사라짐의 거룩한 진리에 관해서 샤리푸트라 존자는 분별성제경에서 말하기를 "어떤 것이 고멸성제인가? 이른바, 중생에게는 실로 사랑하는 안의 여섯 곳이 있으니, 눈과 귀, 코, 혀, 몸 및 뜻[眼耳鼻舌身意]이 그것이다. 그가 만일 해탈하여 물들지 않고 집착하지도 않으며, 끊어 버리고 모두 뱉어 욕심을 아주 없애버리면 이것을 고멸(苦滅)이라고 한다. 많이 아는 거룩한 제자가 이렇게 이 법을 알며, 이렇게 보고, 이렇게 훤히 알며, 이렇게 자세히 보고, 이렇게 깨달은 것을 안다. 이것을 고멸성제라고 한다."라고 설명하여, 괴로움의 사라짐은 감각기관을 잘 다스려 집착과 욕심을 버림으로써 가능한 것이라고 말하였다.

붓다께서는 사람의 삶은 늘 괴로움이라고 가르치신 것이 아니다. 붓다께서는 우리가 사는 동안에 기쁨이나 즐거움 또는 아름다움이 있다는 것을 부인하지 않으신다. 붓다께서 말씀하신 것은 우리에게 있는 기쁨이나 즐거움은 일시적인 것에 지나지 않고, 길든 짧든 간에 곧 사라져 괴로움으로 바뀐다는 것이다. 붓다께서 괴로움을 말씀하신 것은 괴로움 자체를 가르치려는 것이 아니라, 우리는 괴로움에서 벗어나 영원히 자유롭고 행복한 길, 곧 해탈을 추구할 수 있다는 점을 가르치려 하신 것이고, 그 말씀이 곧 괴로움의 사라짐의 거룩한 진리, 곧 고멸성제이다.

물론, 원인이 있고 그 원인으로 인해서 생긴 것은 고칠 수 있음은 불변의 진리이다. 우리가 경험하고 있는 괴로움은 아무런 원인도 없이 자연히 생긴 것이 아니고, 우리 자신이 만든 원인으로 말미암은 것이어서 그에게서 벗어날 수 있는 길이 없을 수 없다. 붓다께서 그 가능성을 천명하신 것이 곧 괴로움의 사라짐의 거룩한 진리이다. 우리를 괴로움으로 이끈 원인만 제거한다면 그 바탕을 잃은 괴로움은 스스로 사라지지 않을 수 없다.

불교는 단순한 믿음이나 기도의 종교가 아니라, 실천의 종교이다. 그렇기 때문에, 사람이 당면한 괴로움에서 벗어나는 길은 기도나 종교의 의식 또는 공물(供物)의 다과(多寡)에 있는 것이 아니라, 붓다의 가르침을 스스로 실천하는 데 있다. 자기의 괴로움은 자기만이 고칠 수 있고, 다른 누구도 고쳐주거나 구원해 줄 수 없다. 붓다께서는 괴로움의 사라짐의 거룩한 진리를 말씀하시어 우리는 괴로움에서 벗어날 수 있다는 확신을 주셨고, 뒤에서 볼 괴로움이 사라지는 길의 거룩한 진리를 가르쳐주심으로써 괴로움에서 벗어나기 위해서 가야 할 길을 알려주셨다. 그 길을 갈 것인지 아닌지와 간다면 얼마나 열심히 갈 것인지는 오로지 우리 각자의 몫이다.

4) 괴로움이 사라지는 길:
괴로움이 사라지는 길의 거룩한 진리, 곧 고멸도성제(苦滅道聖諦)란 앞에서 본 괴로움의 사라짐의 거룩한 진리를 실현하는 길을 가리킨다. 괴로움이 사라지는 길의 거룩한 진리는 우리가 가야할 길을 구체적으로 제시한 것이지, 계명(誡命: commandment)이나 규범(規範: norm)이 아니고, 괴로움을 벗어나 대자유의 길에 들기 위한 행동지침이다. 다시 말하면,

괴로움이 사라지는 길의 거룩한 진리는 위에서 본 세 가지 거룩한 진리와는 달리, 괴로움을 없애기 위한 구체적인 방편이다. 고멸도성제에 관해서 샤리푸트라 존자는 분별성제경에서 이르기를 "어떤 것이 고멸도성제인가? 이른바, 바른 소견, 바른 뜻, 바른말, 바른 행위, 바른 생활, 바른 방편, 바른 마음 챙김, 바른 선정이 그것이다."라고 하여, 괴로움이 사라지는 길의 거룩한 진리를 간단히 설명하였다.

괴로움을 사라지게 하는 길은 여덟 가지 바른길(八正道: eight right paths)을 말하는 것으로서, 앞에서 본 바와 같이 정견(正見), 정지(正志), 정어(正語), 정업(正業), 정명(正命), 정방편(正方便), 정념(正念) 및 정정(正定)의 여덟 가지이다.[52] 대승불교(大乘仏敎)에 들어서 보살이 가야 할 길로 육바라밀(六波羅蜜), 곧 보시(布施), 지계(持戒), 인욕(忍辱), 정진(精進), 선정(禪定), 및 반야(般若)의 여섯 바라밀이 제시되었지만, 팔정도와 본질적인 차이가 있는 것은 아니다. 우선, 정방편은 정진바라밀과, 정념은 반야바라밀과, 정정은 선정바라밀과 각각 상응하는 것이고, 정어와 정업 및 정명은 지계바라밀의 내용에, 정견과 정사유는 인욕바라밀의 내용에, 정명은 보시바라밀의 내용에

---

52) 이들은 후기(後期)에 들어 정지(正志)는 정사유(正思惟)로, 정방편(正方便)은 정정진(正精進)으로 불린다.

각각 상응하는 것이라고 할 수 있기 때문이다.

팔정도의 가르침은 설법(說法) 상대방의 처지나 근기(根機)에 따라 여러 가지 다른 형식으로 가르쳐진 경우도 있으나, 기본적인 틀에는 변함이 없다. 사성제와 팔정도의 가르침은 붓다의 처음 설법의 내용이었을 뿐 아니라, 붓다의 전 생애를 통한 법문의 바탕이 된 것이었음을 알 필요가 있다.[53] 여기에서 특히 지적할 것은 팔정도는 암송의 대상이 아니라 실천할 덕목이라는 점이다. 붓다께서 우리의 괴로움을 없애기 위한 길을 보이는 소상한 지도를 제시하신 것이니, 우리는 그 지도를 읽어 내용을 이해하면 스스로 그 길을 꾸준히 감으로써 비로소 목적지인 괴로움이 없는 피안(彼岸)에 이르게 되는 것이다. 붓다께서 제시하신 지도를 아무리 자주 읽고 외워 내용을 잘 안다고 해도 그 지도에 따라 스스로 가지 않으면 아무런 소용도 없음은 당연한 일이다. 환자가 병을 고치려면 의사가 처방한 약을 스스로 먹어야 하는 것처럼, 괴로움에서 벗어나기 위한 길인 여덟 가지 바른길, 곧 팔정도는 스스로 실제로 행하여야 하는 것이고, 다른 누구도 대신 해줄 수 없다. 그렇기에, 팔정도는 실천의 대상이라 하고, 가야 할 길이라고 하는 것이다.

---

53) Ven. Howley, The Naked Buddha, 2003, p. 66.

3. 사성제의 삼전(三轉) 십이행(十二行)

사성제의 가르침은 단순한 이론의 나열에 그치는 것이 아니라, 실제로 이해하고 증득(証得)해야 하는 진리이다. 붓다께서 그에 관해서 말씀하신 구체적인 내용을 삼전 십이행, 곧 세 번 굴려 열두 번 행하는 것이다. 붓다께서는 위에서 본 전법륜경에서 분명히 말씀하시기를 "비구들이여! 내가 이 네 가지 진리의 삼전 십이행에 대하여 눈, 지혜, 밝음, 깨달음이 생기지 않았으면 나는 끝내 모든 하늘, 악마, 범(梵), 사문(沙門), 브라만들의 법을 듣는 대중 가운데에서 해탈하고, 나오고, 떠나지 못하였을 것이요, 또한 스스로 아누다라삼먁삼보리를 증득하지 못하였을 것이다. 그러나 나는 네 가지 진리의 삼전 십이행에 대하여 눈, 지혜, 밝음, 깨달음이 생겼기 때문에 모든 하늘, 악마, 범, 사문, 브라만의 법을 듣는 대중 가운데에서 나오게 되고, 벗어나게 되었으며, 스스로 아누다라삼먁삼보리를 이루게 되었느니라."라고 하시어, 네 가지 거룩한 진리의 실행방법으로서의 삼전 십이행, 곧 세 번 굴려 열두 번 행하신 것을 분명히 하였다.

1) 삼전(三轉)

삼전이란 사성제를 세 바퀴 굴린다는 뜻으로, 처음 굴림을 시전(示轉), 둘째 굴림은 권전(勸轉) 및 세 번째의 굴림은 증전(証轉)이라 한다. 상근(上根)의 사람은 시전으로써, 중근은 권전에 의하여, 하근은 증전으로써 각각 깨닫는다고 하지만, 이는 하나의 비유적인 말로 보인다. 삼전은 견도(見道), 수도(修道) 및 무학도(無學道)에 배대(配對)하는 수도 있다. 사성제, 곧 네 가지 거룩한 진리를 말씀하신 전법륜경을 처음 읽는 사람들 가운데에는 왜 같은 말을 세 차례나 되풀이하셨는지 모르겠다고 의아하게 생각하는 사람도 있다. 그러나 경문(経文)을 자세히 보면 세 차례의 말씀이 각각 다름을 알 수 있다.

(1) 시전(示轉):

사성제의 법바퀴를 처음 굴리는 것을 시전이라 하는데, 네 가지 거룩한 진리를 "드러내 보임으로써 알게 하는 법바퀴의 굴림"이라는 뜻이다. 우리는 우선 우리가 직면하고 있는 괴로움에 관한 네 가지 거룩한 진리를 알고 깊이 생각해야 한다. 이것이 바로 처음 굴림의 뜻이다. 고성제는 괴로움의 실상을, 고집성제는 괴로움의 원인을, 고멸성제는 괴로움은 사라질 수 있다는 진리를, 그리고 고멸도성제는 괴로움을 사라지게 하는 방법을 밝힌 거룩한 가르침이라는 것을 확실히 알아야 한다. 사성제의 내용에 관해서 잘 알아야 그에 대한 확신이 생겨 실행에 정진할 수 있음은 당연한 일이다.

사람들은 우리가 직면하고 있는 괴로움에 대해서 잘 모르거나, 알더라도 으레 그럴 것으로 체념하는 수가 많다. 우리는 무엇보다도 먼저 우리가 겪고 있는 괴로움을 제대로 인식하고, 그것이 육체적인지, 정신적인 것인지 등을 정확히 분별해야 한다. 그런 다음에는 왜 그런 괴로움이 일어나게 되었는지를 깊이 생각하여 알도록 하여야 한다. 괴로움의 원인을 바르게 안 다음에는 그 괴로움을 없앨 수 있다는 것을 알고, 그 실행에 대한 확신을 가져야 한다. 이에 관해서 붓다께서는 전법륜경에서 이르시기를 "이것은 괴로움의 거룩한 진리이다. 본래부터 일찍이 듣지 못한 법이니, 마땅히 바르게 생각하라. 그때에는 눈, 지혜, 밝음, 깨달음이 생길 것이다. 이것은 괴로움의 모임, 괴로움의 사라짐, 괴로움이 사라지는 길의 거룩한 진리이다. 본래부터 일찍이 듣지 못한 법이니, 마땅히 바르게 생각하라. 그때에는 눈, 지혜, 밝음, 깨달음이 생길 것이다."라고 하시어, 네 가지 거룩한 진리에 대해서 "바르게 생각하라."고 강조하셨다.

(2) 권전(勸轉):

네 가지 거룩한 진리의 법바퀴를 두 번째로 굴리는 것을 권전이라고 하는데, 네 가지 거룩한 진리 하나하나에 대해서 할 일을 권장(勸奬)하는 부분이다. 곧, 괴로움의 거룩한 진리를 통해서 괴로움의 실상을 알게 하고[所見], 괴로움의 모임의 거룩한 진리를 통해서 괴로움의 원인을 알면 그것을 끊도록 하며[所斷], 괴로움의 사라짐의 거룩한 진리를 통해서 괴로움은 벗어날 수 있다는 것을 알았으면 그것을 증득하게 하고[所證], 괴로움이 사라지는 길의 거룩한 진리를 통해서 괴로움을 벗어나는 길을 알았으면 그것을 닦으라[所修]는 것이다. 붓다께서는 전법륜경에서 말씀하시기를 "다음에는 괴로움의 거룩한 진리에 대한 지혜도 본래부터 일찍이 듣지 못한 법이니 마땅히 바르게 생각하라. 그때에는 눈, 지혜, 밝음, 깨달음이 생길 것이다. 괴로움의 모임의 거룩한 진리를 이미 알았으면 마땅히 끊어야 한다. 이것도 본래부터 일찍이 듣지 못한 법이니 바르게 생각하라. 그때에는 눈, 지혜, 밝음, 깨달음이 생길 것이다. 다음에는 괴로움의 사라짐의 거룩한 진리이니, 괴로움의 사라짐의 거룩한 진리를 이미 알았으면 마땅히 증득할 줄 알아야 한다. 이것도 본래부터 일찍이 듣지 못한 법이니 마땅히 바르게 생각하라. 그때에는 눈, 지혜, 밝음, 깨달음이 생길 것이다. 다시 괴로움이 사라지는 길의 거룩한 진리를 이미 알았으면 마땅히 닦아야 한다. 이것도 본래부터 일찍이 듣지 못한 법이니 마땅히 바르게 생각하라. 그때에는 눈, 지혜, 밝음, 깨달음이 생길 것이다."라고 하셨는바, 괴로움은 바르게 알고, 괴로움의 원인은 끊으며, 괴로움의 사라짐은 증득하고,

괴로움이 사라지는 길은 닦도록 하라는 것이다.

권전은 네 가지 거룩한 진리를 실행에 옮기는 구체적인 방법을 제시하고, 그 이행을 권하는 내용이다. 앞에서도 설명한 바와 같이 네 가지 거룩한 진리는 실용적인 진리이지, 형이상학적(形而上學的)인 이론이 아니다. 그렇기 때문에, 네 가지 거룩한 진리는 아는 것만으로는 의미가 없다. 알 것은 알고, 끊을 것은 끊으며, 증득할 부분은 증득하고, 닦아나갈 것은 확신을 가지고 닦아야 한다. 그러면, 눈, 지혜, 밝음과 깨달음이 생긴다고 붓다께서 분명히 말씀하신 것이다. 입으로만 뇌이고 제대로 행하지도 않으면서 결과에 조급하면 그것 자체가 또 하나의 괴로움으로 고개를 내밀게 된다.

(3) 증전(証轉):

사성제의 법바퀴를 세 번째로 굴리는 것을 증전이라고 하는데, 앞의 권전을 통하여 성실하게 실행에 옮기면 네 가지 거룩한 진리의 뜻을 이루어 증득하게 되는 단계이다. 녹야원에서의 초전법륜의 경우, 다섯 비구 가운데 한 분인 교진여(憍陳如)는 바로 이 삼전으로 무명을 떠나 진리를 깨달음으로써 붓다로부터 아냐타 콘단냐(阿若拘隣: Annata Kondanna)라는 호칭을 얻게 되었는바, 이 증전은 앞의 권전을 통해서 닦은 바를 다시 바르게 생각하게 하는 단계이다. 그에 관해서 붓다께서는 전법륜경에서 이르시기를 "다음에는 비구들이여! 이 괴로움의 거룩한 진리를 이미 알고 이미 알았으면 나와서 아직 듣지 못한 법을 마땅히 바르게 생각하라. 그때에는 눈, 지혜, 밝음, 깨달음이 생길 것이다. 다시 괴로움의 모임의 진리를 이미 알고 이미 끊었으면 나와서 아직 듣지 못한 법을 바르게 생각하라. 그때에는 눈, 지혜, 밝음, 깨달음이 생길 것이다. 다시 괴로움의 사라짐의 진리를 이미 알고 이미 증득하였으면 나와서 아직 듣지 못한 법을 바르게 생각하라. 그때에는 눈, 지혜, 밝음, 깨달음이 생길 것이다. 다시 괴로움이 사라지는 길의 진리를 이미 알고 이미 닦았으면 나와서 아직 듣지 못한 법을 바르게 생각하라. 그때에는 눈, 지혜, 밝음, 깨달음이 생길 것이다."라고 하셨다.

사람들은 괴로움의 늪에 빠져 허덕이고 있지만, 그 늪은 헤어나지 못할 늪이 아니라는 것을 붓다께서 확인하셨고, 그 헤어나는 길을 자세히 일러주셨다. 우리가 할 일은 바로 그 일러 주신 바를 성실하게 행하기만 하면 되는 것이다. 길이 있으면 그 길을 스스로 가야 한다. 본인이 스스로 한 발 한 발 나아가야 목적지에 이를 수 있다. 가보지도 않고 길이 험하다거나 너무 멀고 쉴 곳조차 없다고 탓한들 무슨 소득이 있겠는가? 제대로 실행하지도 않고 불평만 늘어놓는 것은 자기의 허물을 스스로 감추고, 또 다른 허물을 짓는 일일 뿐임을 알아야 한다.

2) 십이행(十二行)

십이행이란 네 가지 거룩한 진리의 각 내용을 열두 번 행한다는 뜻이며, 그것은 결국 위에서 본 삼전의 구체적인 실행을 말하는 것이다. 곧, 사성제를 각각 3전 하면 각 성제(聖諦)별로 본다면 12번 행하는 것이 됨을 뜻한다. 결국, 사성제의 내용을 각각 세 번 굴려 어김없이 실행한다는 뜻이다.

II. 팔정도(八正道)

처음에

팔정도, 곧 여덟 가지 바른길은 앞에서 본 바와 같이 사성제 가운데 마지막인 괴로움이 사라지는 길의 거룩한 진리, 곧 고멸도성제(苦滅道聖諦)의 내용을 이루는 구체적인 실행 수단이다. 팔정도의 내용을 구체적으로 살펴보기에 앞서 다시 한번 분명히 할 것은 붓다께서 45년에 걸쳐 펴신 가르침은 모두 직접, 간접으로 팔정도와 관련되어 있다는 점이다. 붓다께서는 상대방의 근기(根機)와 붓다의 가르침에 대한 이해의 정도에 따라 적절한 용어와 방법을 구사(驅使)하셨고, 이를 흔히 대기설법(對機說法)이라고 부르지만, 근본 가르침은 모두 여덟 가지 바른길과 관련된다는 것을 알 필요가 있다.

붓다께서는 배우고 익힘에 관하여 늘 삼학(三學)을 강조하시면서, 그 어느 하나에 기울지 않도록 강조하셨다. 삼학이란 잡아함의 삼학경(三學経)[54]에서 말씀하신 것처럼 계율(戒律), 선정(禪定)과 지혜(智慧)에 관한 배움을 말한다. 그런데, 이 삼학은 내용적으로 새로운 것이라기보다는 팔정도, 곧 여덟 가지 바른길을 구분한 것이라고 할 수 있다. 먼저, 계율의 배움은 계율을 지켜 습관적인 악행(惡行)을 바로잡아 선행(善行)으로 나아가게 하는 것으로서 팔정도 가운데 바른 말(正語), 바른 행위(正業)와 바른 생활(正命)이 그에 해당한다. 또, 선정의 배움은 선정에 들어 마음을 고요히 다잡음으로써 바른 지혜에 이를 수 있도록 하려는 것으로서, 팔정도 가운데 바른 마음 챙김[正念]과 바른 선정[正定]이 그에 속한다고 할 수 있다. 끝으로, 지혜의 배움은 반야의 지혜를 계발함을 말하는 것으로서, 그것은 단순한 지식이나 경험을 통한 알음알이의 축적이 아니라, 우주의 진리를 깨달은 참된 지혜를 말하며,

54) 잡아함 30: 832 삼학경.

그것은 흔히 '슬기'라고 한다. 팔정도 가운데 바른 소견[正見]과 바른 생각[正思惟]은 그에 해당한다고 할 수 있다. 팔정도 가운데 정정진(正精進)은 삼학 모두에 필요한 덕목이다.

팔정도의 내용은 순서대로 하나하나 단계적으로 익히고 닦아 나가야 한다고 생각하기 쉬우나, 그것은 잘못된 생각이다. 여덟 가지 바른길은 가능하면 그 모두를 동시적으로 익히고 실행에 옮겨야 한다. 왜냐하면, 팔정도의 내용은 모두가 서로 연관되어 있을 뿐만 아니라, 각 덕목(德目)은 서로서로 그 실행을 돕는 입장에 있기 때문이다.

1. 팔정도의 내용

1) 바른 소견

바른 소견(正見: right view)을 한마디로 말한다면 올바르고 건전한 견해라고 할 수 있지만, 그것은 매우 깊은 뜻을 안고 있는 개념이다. 여기에서 바른 소견이란 아상(我相)을 떠난 소견으로, 모든 존재에 대한 자비심과 생명을 아끼고 기르는 마음을 바탕에 깔고, 실상(實相)을 있는 그대로 볼 수 있는 마음의 상태를 가리킨다고 할 수 있다. 우리가 갖는 견해는 사물에 대한 인식에서 우러나는 것이 보통인데, 사람은 있는 그대로 바르게 인식하지 못하고, 자기의 의식 속에 담긴 분별심(分別心)과 관념(觀念)을 바탕으로 해서 나름의 인식을 하므로, 그 인식은 허망하기 짝이 없는 것이 보통이다. 열 사람이 한자리에 앉아 하늘에 뜬 구름을 함께 보아도 그들이 느끼는 것은 제각기 다르기 마련이다. 그렇기 때문에 붓다께서는 허망한 인식에 희롱당하지 말라고 강하게 이르신 것이다. 붓다께서는 우리의 일상적인 것은 대부분 잘못된 것이고, 우리의 괴로움은 그 잘못된 인식에서 비롯된다고 되풀이하여 가르치셨음을 알아야 한다.

사람은 감각기관을 통해서 바깥 경계와 접촉함으로써 그 존재를 인식하면서 언제나 자기가 배운 지식, 경험, 취향 등을 기준으로 각색된 상태의 것을 인식하기 때문에, 그것은 사물을 있는 그대로 보는 것이 아니라, '나'라는 거울을 통해서 보고 생각하는 것이다. 그렇기 때문에, 같은 장미꽃을 놓고도 어떤 사람은 붉은 장미를 선호하고, 어떤 사람은 노랑 장미가 제격이라고 하는가 하면, 다른 사람은 흰 장미야말로 제대로 장미다운 것이라고 주장한다. 이러한 모습은 모두 우리의 생각은 나름의 분별을 수반하는 것임을 잘 보이는 예이고, 우리의 인식이라는 것이 얼마나 자의적이고 편견에 싸인 허망한 것인지를 보이는 것이다. 괴로움이나 행복에 대한 견해도 마찬가지이다. 사람들은 괴로움은 마치 자기 혼자만 겪고 있는 것으로 생각하여 깊은 고민에 빠지는가 하면, 행복의 척도도 사람마다 다르다. 바른 소견을 갖는다는 것이 얼마나 중요한 것인지, 또 그것이 얼마나 어려운 일인지를 실감하게 한다.

상대적으로 볼 때, 소견에는 바른 소견과 바르지 않은 소견이 있을 수 있다. 그러나 보다 깊고 엄격히 본다면 거의 모든 소견은 바르지 않다고 할 수 있다. 생각이 없는 것만이 진리의 세계라고 할 수 있다. 그러나 엄격히 말하면, 생각이 없다는 생각도 또한 생각임에는 틀림이 없다. 우리가 소견을 말할 때, 흔히 관점(觀点: point of view)이라는 표현을 쓰는 것도 그렇게 본 점에서 말이라는 것이고, 그 보는 점이 바뀌면 소견도 달라지는 것임을 암시하는 것이다. 그림을 그려도 백지에 그려야 제대로 그림이 되는 것처럼, 우리의 소견도 무념(無念)을 전제로 하여야 한다. 금강경(金剛経)에서 이르기를 "모든 관념을 떠난 이를 부처라 한다."[離一切相 則名諸仏]라고 한 것도 바른 소견을 갖기 위해서는 모든 상(相)을 버리고 있는 그대로 보아야 하는 것임을 말한 것이다.

바른 소견은 수행을 통해서 익혀야 한다. 아니, 익힌다는 것보다도 찾아내야 한다. 바른 소견을 닦는다고 해도 그것은 붓다의 가르침에 대한 퍽 추상적인 생각을 벗어나지 못한 상태에서의 일이다. 우리는 누구나 바른 소견의 씨앗을 간직하고 있다. 흔히 불성(仏性: Buddha nature)이라고 하는 것이 그것이다. 바른 소견의 씨앗이 삼독, 곧 탐욕, 성냄 및 어리석음에 가려 보이지 않을 뿐이다. 바른 소견의 씨앗이 눈을 틔우지 못하게 하는 장애만 없애면 되는데, 그 일이 그리 쉬운 일이 아니다. 그래서 확신을 가지고 바른 방편, 곧 바르게 정진할 것을 요구한 것이다.

2) 바른 사유

초기불경(初期佛經)인 아함경(阿含經: Agama sutras)에서 볼 수 있는 바른 뜻[正志: right aim]은 뒤에 바른 사유[正思惟: right thinking]로 바꿔 부르게 되어 오늘에 이르고 있다. 그러므로 여기에서는 편의상 오늘날 보편화된 바른 사유로 살펴보기로 한다. 바른 사유란 모든 사상(事象)을 각색함이 없이 있는 그대로 바로 보고 생각하는 것을 말한다. 앞에서 본 바른 소견을 갖기 위해서는 바른 사유를 필요로 한다. 바꾸어 말하면, 소견은 그에 이르기 위해서 사유, 곧 생각을 해야 하므로 생각을 바르게 하기 위한 수련은 곧 바른 소견을 갖기 위하여 없을 수 없는 요소임과 동시에, 바른 소견을 가지고 사유하면 자연히 바른 사유에 이르게 된다. 결국, 바른 소견과 바른 사유는 상보관계(相補關係)에 있는 것임을 알 수 있다. 그뿐만 아니라, 생각은 행동을 유발하기 때문에, 바른 사유는 뒤에 볼 바른 행위를 위해서도 불가피한 것이다. 생각 또는 사유는 소견을 구성하는 과정적인 경우가 많다. 그러나 과정은 단순한 과정에 그치는 것이 아니라, 그 과정을 거쳐 이루어지는 결과에 직접 영향을 미치게 된다. 그렇기 때문에, 과정의 중요성을 강조하는 것이다. 생각은 그 대상인 일이나 존재에 대한 인식을 수반하는 것이 보통인데, 존재에 대하여 바르게 인식한다는 것이 여간 어려운 일이 아니다. 우리는 종종 어떤 생각을 하면서 몸은 다른 일을 하고 있다거나, 무엇인가를 보되 기존의 관념을 통해서 분별하여 보는 것이 예사이다. 그 결과는 당연히 옳지 않은 생각이 자리를 잡고, 바르지 않은 소견으로 이어지게 된다.

데카르트(Rene Descartes)는 "나는 생각한다. 그러므로 나는 존재한다.(cogito ergo sum)"라는 유명한 말을 남겼지만, 그것은 인간은 사색을 통해서 우리의 존재를 입증할 수 있다는 것이다. 그러나 실은 무관심한 일상적인 생각이 우리를 좀먹고 있다는 것을 알아야 한다. 마음과 몸이 하나로 되지 않는 한, 우리는 미망(迷妄) 속에서 방황하고, 결국 참으로 살아있다고 보기 어려운 예가 많다. 바른 사유는 마음과 몸이 하나 되

157

어 '현재 이 순간'을 제대로 인식할 때 비로소 싹이 트는 것이다. 그러나 우리의 현실은 그와는 거리가 먼 경우가 많다. 통계에 의하면, 우리가 일상적으로 하는 생각의 70%는 지난 과거에 관한 것이고, 약 20%는 아직 오지 않은 미래에 관한 것이며, 약 10% 정도만이 현재의 생각이라고 한다. 우리가 얼마나 필요 없는 생각을 많이 하고 있는지 극명하게 보여주는 예이다. 과거의 일은 이미 지나간 옛일로서 돌이킬 수 없고, 미래의 일은 아직 오지도 않은 추상적인 것이며, 오직 현재 이 순간만 있을 뿐으로 사유의 대상으로 삼을 만한 것이다.

바른 사유로 이끄는 수행 방법으로 틱낫한(Thich Nhat Hanh) 스님은 다음의 네 가지를 제시한다.[55] 첫째로, '틀림이 없는가?'를 되풀이 확인하여 바로 보라고 한다. 어두운 밤에 길에 놓인 새끼줄을 뱀으로 생각하여 놀라는 우(愚)를 범하지 말라는 것이다. 둘째로, '내가 무엇을 하고 있는가?'를 제대로 확인하라는 것이다. 이 물음은 과거에 대한 집착이나 미래에 대한 망상을 버리고 바로 현재 여기에서 생각할 수 있도록 하라는 것이다. 현재 이 순간의 자기와 자기의 행위를 바로 보는 것은 탐욕과 성냄을 버리게 하는 지름길이 된다. 자

---

55) Thich Nhat Hanh, The Heart of the Buddha's Teaching, 1998, pp. 60, 61.

기의 현재를 직시하면 쓸데없는 욕심이나 남에게 욕하고 화내는 일로부터 쉽게 벗어날 수 있기 때문이다. 셋째로, 습관으로부터 해방되라고 한다. 우리는 살아가는 과정에서 자기도 모르는 사이에 여러 가지 습관이 들고, 그 습관은 언제나 우리의 생각과 행동을 구속한다. 우리의 행동은 우리의 생각에 의존하고, 우리의 생각은 우리의 습관의 지배를 받는다. 그래서, 습관은 우리를 바르지 않은 사유로 이끌게 된다. 마지막으로, 보리심(菩提心)을 기르라고 한다. 모든 중생의 행복을 바라고, 그것을 행동으로 옮기면 자기도 모르는 사이에 스스로 행복해진다고 한다. 보리심을 기르면 그에 대치(對峙)되는 나쁜 생각은 스스로 사라지고, 바른 사유의 바탕이 마련된다는 것이다.

3) 바른 말

바른 말(正語: right speech)이란 친절하고 개방적이며 진실한 말이다. 사람은 말을 하지 않고는 하루도 지나기 어렵다. 사람은 사회적 동물이라고 하는데, 그것은 사람이 다른 사람과 서로 어울려 산다는 뜻이다. 그런데, 다른 사람과 어울려 살기 위해서는 서로 의사를 전달하는 수단으로 말을 하지 않을 수 없다. 그렇기 때문에 앞에서 본 바른 사유는 바른말의 바탕이 되는 것이다. 흔히 말을 마음의 거울이라고 하는 것은 말을 통해서 그 사람의 생각을 알 수 있기 때문이다. 그러므로 바른말을 하기 위해서는 바른 사유가 전제되는 것임을 알아야 한다.

바른말은 기본적으로 입으로 짓는 네 가지 행을 바르게 하는 것으로서, 그것은 십선(十善) 가운데 네 가지를 말한다. 거짓말[妄語], 이간질 하는 말[兩舌], 꾸밈말[綺語] 및 나쁜 말[惡語]은 모두 그러한 말을 하는 본인에게 악업(惡業)으로 작용하지만, 그에 그치지 않고 그 말의 상대방이나 그러한 말을 듣는 사람을 불쾌하고 괴롭게 하는 것이 보통이다. '말이 비수(匕首)를 품는다'는 속담도 있지만, 말은 능히 사람을 죽일 수도 있는 위력이 있음을 알아야 한다.

바른말의 범주에는 적극적으로 말하는 것뿐만 아니라, 남의 말을 듣는 것도 포함된다. 남이 말을 하는 경우에는 성실하게 듣고, 바르게 반응할 줄 알아야 한다. 일방적으로 자기 말만 하고 남의 말을 들을 줄 모르면, 그것은 말의 상호교환성(相互交換性)을 어기는 것이 되어 상대방에게 괴로움을 줄 수 있다. 그러므로 말은 바르게 해야 하는 일 못지않게 성실하게 들을 줄 알아야 하며, 그러한 의미에서 말은 서로의 생각을 조화롭게 하는 매체(媒體)라고 할 수 있다. 우리는 의사소통이 잘되지 않는 경우에, '대화가 단절되었다.'라고 말하는 것은 바로 그 때문이라고 할 수 있다.

바른말과의 관계에서 볼 때, 현대사회는 많은 문제를 안고 있다고 할 수 있다. 통신 기술의 발달은 때도 없이 각종 뉴스를 지구의 반대편까지 보내고 있지만, 개인 사이의 대화는 오히려 어려워지고 있다. 더욱이, 오늘날 온 지구적으로 널리 보급된 스마트폰(smart-phone)은 심지어 옆 사람에게조차 관심을 두지 않고 각자의 손안에 쥐어진 스마트폰에 눈이 팔렸으니, 대화를 통한 사람끼리의 관계가 소원(疏遠)할 것임은 당연한 일이다. 그러나 돌이켜 보건대, 문자의 사용조차 생활화되지 않았던 약 2,500년 전만 해도 사람 사이의 의사 전달은 주로 입을 통해서 이루어졌다. 그렇기 때문에, 앞에서 설명한 바와 같이 바른말은 입의 행(行)만을 가리켰던 것이 사실이다. 그러나 붓다께서 여덟 가지 바른 길의 하나로 '바른말'을 가르치신 기본 뜻에 비추어 볼 때, 과학기술이 발달하고 문자의 사용이 활발하게 된 오늘날에는 말의 범주는 당연히 확대되어 모든 의사전달 수단을 망라(網羅)하는 것으로 보아야 할 것이다.

남의 몸에 위해(危害)를 끼치는 행위가 범죄라는 사실은 모두가 수긍한다. 그러나 마음에 상처를 주는 행위가 문제라는 것에는 무심할 때가 많다. 당장 눈에 보이지 않기 때문에 남의 마음에 상처를 입히는 말을 함부로 하는 경우가 적지 않다. 특히, 직접 얼굴을 마주 보고는 하지 못하는 말도 전화나 문자로는 서슴없이 할 수 있는 것이 사람의 심성(心性)이다. 교육부가 2019년 8월에 조사, 발표한 2019년 제1차 학교폭력실태조사결과에 의하면 학교폭력의 피해 유형은 언어폭력이 35.6%, 집단따돌림이 23.2%, 그리고 사이버 괴롭힘이 8.9%의 순으로 많았음을 알 수 있어, 언어와 사이버 방식의 폭력이 차지하는 비중이 크다는 것을 알 수 있다. 그러니, 전화나 문자에 의한 의사 전달은 물론, 전파력(伝播力)이 큰 매스컴이나 사회연결망(SNS) 등 매체를 활용하는 경우는 그 파급력에 비추어 입에 의한 대화의 경우보다 훨씬 더 신중히 다루어야 함을 알 수 있다. 서로 얼굴을 맞대고 하는 말은 그 말로 표현되는 뜻을 보다 정확히 그리고 보다 쉽게 이해할 수 있다. 말하는 사람의 얼굴과 눈에 그 말의 진실성이 묻어나기 때문이다. 그래서, 대화가 필요하다는 것이고, 진심 어린 대화야말로 사람 사이의 관계를 조화롭게 풀 수 있는 효과적인 매체이다. 가정에서나 직장 등에서 진정한 대화의 기회가 줄어가니 사회가 삭막해질 수밖에 없는 일이다.

4) 바른 행위

바른 행위(正業: right action)는 몸에 의한 행을 대상으로 하는 것으로서, 근본적으로 우리 생활의 모든 영역에서 요구되는 바른 행위를 말한다. 그것을 일반적으로 말한다면, 도덕적이고 올바른 행동을 뜻하는 것으로서, 남을 살상한다거나, 남의 물건을 훔치거나 부정한 거래를 하거나, 적절하지 않은 이성관계(異性關係)를 맺는 것과 같은 행위를 삼감은 물론, 남을 존중하고 남을 돕는 일을 즐겨하는 것이라고 할 수 있다. 바른 행위를 정'업'(正'業')이라고 하는 것은 '업'이 행위를 뜻하는 것이기 때문이다.

사람의 생각을 밖으로 표출하는 형태는 입을 통한 말과 몸을 통한 행동의 두 가지이다. 여기에서 바른 행위는 몸을 통해서 표출된 생각이다. 아무런 생각도 없이 마음과 동떨어져서 몸만으로 이루어지는 행위란 무조건 반사(unconditional reflex)와 같은 예외적인 경우 외에는 없는 것이 원칙이다. 그렇기 때문에, 바른 행위는 항상 바른 사유와 바른 소견을 바탕에 깔고 있다. 그러므로 바른 행위는 십선(十善) 가운데 몸으로 짓는 세 가지, 곧 불살생(不殺生), 불투도(不偸盜)와 불사음(不邪婬)을 비롯하여, 도박하거나 마약을 하는 등 몸으로 짓는 삿된 행위를 멀리하는 것을 가리킨다고 하겠다.

바른 행위는 자기가 스스로 그러한 행위를 하는 것에 그치지 않고, 남에게 잘못된 행위를 하도록 하거나 간접적으로 바르지 않은 행위를 하는 것도 멀리하여야 하며, 한 걸음 나아가 남도 바른 행위를 하도록 적극적으로 권하고 도와야 한다. 오늘날 보는 바와 같이 조직화하고 전문화된 사회에서는 올바르지 않은 행위는 자기가 스스로 하지 않고도 간접적인 방법을 통하여 얼마든지 목적을 달성할 수 있다. 남을 시켜 살상한다거나, 부하에게 남의 물건을 훔쳐 오게 하거나, 많은 사람을 살상하고 시설을 파괴하는 것과 같은 테러행위를 지원하는 것 등은 그 예이다. 그러므로 바르지 않은 행위에서 벗어난다는 것은 스스로 그러한 삿된 행위를 하지 않는 것뿐만 아니라, 남을 시키거나 남이 하는 바르지 않은 행위를 돕는 것도 포함되는 것임을 알아야 한다.

우리는 매일 삶을 이어가는 과정에서 의식적이든 무의식적이든 많은 것을 죽이고 없애며 파괴 하고 있다. 식탁에 고기를 올리기 위해서 수많은 동물이 죽어가고 있음은 물론, 어업 기술과 어구(漁具)의 발달로 연안어족(沿岸魚族)을 싹쓸이하고 있으며, 개발이라는 미명아래 수려한 산하를 마구 파헤치고 헐어냄으로써 수많은 동물의 생태계를 파괴하고 있다. 이러한 행위가 자기의 소행이 아니라고 해서 무관심하게 방관

만 할 일이 아니다. 고기를 비롯한 음식의 양을 줄이고, 자연 훼손을 억제하도록 노력하는 것은 바른 행위로 이끄는 지름길이라고 할 수 있다.

5) 바른 생활

바른 생활(正命: right livelihood)이란 한마디로 남에게 해로움을 줄 위험이 있는 일로 생업(生業)을 삼지 않는 것을 말한다. 그러므로 바른 생활은 앞에서 본 바른 행위와 직접 관계되는 덕목이라고 할 수 있다. 바른 행위는 자연스럽게 바른 생활로 이어지기 때문이다. 우리 각자의 삶의 모습을 보면 그의 마음을 알 수 있다. 이기적이고 탐욕스러운 생각을 하는 사람은 주변의 생각은 아랑곳하지 않고 자기만의 호사스러운 생활을 즐기면서, 먹는 것을 가리지 않는다. 몸에 좋다면 개거나 뱀이거나 지렁이거나 할 것 없이 마구 먹어대고, 돈이 되는 일이라면 수단과 업종을 가리지 않고 달려든다. 그러한 사람일수록 욕심이 욕심을 낳아 늘 불만스럽고 괴로움에 허덕인다. 그러므로 바른 생활은 우리 생활의 모든 영역에 있어 소욕지족(少欲知足), 곧 욕심을 줄이고 만족할 줄 알며, 자비심을 길러 남을 돕고 해치지 않는 생활을 하도록 말씀하신 것이다.

물론 엄격히 본다면, 우리의 삶 자체가 직접 간접으로 다른 것을 많이 해치고 있는 것이 사실이다. 우선, 사람이 살기 위해서 먹는 음식에는 다른 것의 생명과 관계되는 것이 많다. 그뿐만 아니라, 생계를 유지하기 위해서 종사하는 직업에는 사람을 살상하는 무기나 탄약을 개발하고 만드는 일, 동물을 살생하는 도축업, 남을 속여 이익을 취하는 일 등, 헤아릴 수 없이 많은 일이 바른 생활과는 거리가 먼 것들이다. 그렇다고, 일의 내용이나 성질을 가려 올바른 일에만 종사할 수도 없는 일이다. 세속의 법에 어긋나는 직업에 종사하는 것은 그 자체가 범죄를 구성하는 것이지만, 그렇지 않은 적법한 직업의 경우에는 그 일에 종사하는 자세와 마음가짐이 중요하다고 하겠다. 곧, 무기공장이나 도축장에서 일함으로써 생계를 유지하되, 자비심을 기르고 항상 이타적(利他的)인 행위를 함으로써 자기가 저지른 행위에 대한 보상을 마음속에서나마 모색할 일이다.

6) 바른 정진

바른 정진(正精進: right effort)은 대승불교기(大乘仏教期)에 들어서면서 바른 정진[正精進]으로 불리고 오늘날은 그것이 일반화되었다. 원래, 방편이란 적절한 방법을 가리킨다. 그래서, 법화경(法華経) 서품(序品)에서는 방편이 완성되고 지견(知見)이 완성되는 것이 붓다의 경지라고 규정하고 있으며, 화엄경(華

嚴経) 십지품(十地品)에서도 원바라밀(願波羅蜜)과 함께 방편바라밀(方便波羅蜜)이라는 덕목까지 설정하고 있음을 알 수 있다. 바른 방편이라고 하든 바른 정진이라고 하든, 내용으로 보면 대동소이(大同小異)한 것이기 때문에, 여기에서는 일반적으로 이해하고 있는 바른 정진으로 설명하기로 한다. 바른 정진은 일곱 가지 바른길의 실행을 이끌어가기 위해서 효과적인 방법을 강구하여 꾸준히 노력하는 정력을 말한다고 할 수 있다.

아무리 좋은 가르침이 있고, 또 그 가르침을 받아 실행하려 하더라도, 그것을 반드시 실행하고 말겠다는 굳은 의지력이 없으면 중도에 좌절하거나 시간만 낭비하고 아무런 성과도 거두지 못한다. 그뿐만 아니라, 좋은 가르침을 좇으려 하는 경우에도 그것을 실행하는 과정에는 적지 않은 장애가 앞을 가리는 수가 많다. 그렇기 때문에, 해롭고 건전하지 않은 생각이 생겨나는 것을 막고, 만일 좋지 않은 생각이 이미 생긴 경우에는 그것을 제거하기 위하여 노력하며 건전하고 유익한 생각을 하도록 하고, 이미 바른 생각이 생긴 경우에는 그것을 오래 간직하도록 힘써야 함은 다시 말할 나위조차 없는 일이다.

네 가지 거룩한 진리와 여덟 가지 바른길의 가르침을 실현하기 위해서는 꾸준한 바른 정진을 해야 하는데, 그러한 정진은 사성제와 팔정도에 대한 굳은 믿음을 전제로 한다. 붓다께서 가르치신 사성제와 팔정도야말로 우리가 괴로움에서 벗어날 수 있는 참된 길이라는 확신을 가져야 한다. 화엄경에서 이르기를 "믿음은 도의 근원이요, 공덕의 어머니이다."[信爲道元功德母]라고 했듯이, 참으로 맞는 말이다. 사성제와 팔정도는 붓다께서 괴로움의 늪에서 허덕이고 있는 중생들을 그 괴로움에서 벗어나게 하기 위해서 가르치신 진수라는 확신을 갖지 못하고, 이 사람이 이렇게 말하면 그 말이 옳은 것 같고, 저 사람이 저렇게 말하면 그것도 옳은 것 같아, 여기저기 기웃거리며 방황하면 시간만 낭비할 뿐 얻어지는 것은 하나도 없다. 그렇기 때문에, 바른 정진은 확신이라는 바탕 위에서만 실행할 수 있다. 또, 바른 정진은 조급함을 버리고 꾸준히 지속해야 한다. 조금 노력해 보아도 눈에 보이는 성과가 없으면 의심하고 중단해서는 처음부터 시작하지 않음만 못하다. 사성제와 팔정도를 실행한다고 해서 눈에 보이는 무엇이 생기는 것이 아니고, 겉으로 무엇이 달라지는 것도 아니다. 바른 정진의 결과, 마음이 안정되고, 사물을 바로보아 차츰 괴로움에서 멀어질 뿐이다.

바른 정진은 바른 소견과 바른 사유를 바탕으로 네 가지 거룩한 진리에 대한 올바른 이해와 함께하는 것이다. 맹목적으로 결가부좌하고 시간만 보낸다고 되는 것이 아니다. 전해오는 중국 당나라 때의 이야기이다. 밥만 먹으면 선방에 들어가 가부좌를 틀고 앉아 묵언으로 날을 새는 젊은 비구가 있었다. 그는 자기가 누구보다도 치열하게 정진하고 있음을 마음속으로 자부하면서, 그날도 다른 날과 같이 눈을 내리 깔고 결가부좌를 하고 있었다. 그 절의 노스님이 들어와 그 모습을 보고 물었다.

"너는 왜 그처럼 힘들게 앉아 있느냐?"

그러자, 그 젊은 비구는 대답하기를

"부처가 되려는 것입니다."라고 하였다.

그 대답을 들은 노스님은 밖에 나가 기왓장을 하나 들고 들어와 문지르기 시작하였다. 그 모습을 보던 젊은 비구는 의아하여

"스승님! 지금 무엇을 하시는 것입니까?"라고 물었다.

노스님은

"나는 거울을 만들고 있다." 라고 대답하였다.

그러자 젊은 비구는 비웃듯이 말하기를

"스승님은 어떻게 기왓장으로 거울을 만든다고 하십니까?"라고 하자, 노스님은 조용히 대답하였다.

"너는 그렇게 멍청하게 앉아있기만 하면서, 부처가 된다는 것인가?"

7) 바른 마음 챙김

바른 마음 챙김(正念: mindfulness)이란 쉽게 흐트러지지 않도록 주의 깊게 집중된 마음으로 특정한 관점에 대하여 관찰하는 것을 말한다. 그러한 뜻에서 흔히 관(觀)이라고도 한다. 다시 말하면, '나'라거나 '마음' 또는 '공'이나 '존재' 등에 관해서 성실하고 주의 깊게 관찰하여 직관(直觀: intuition)을 끌어내는 것을 말한다. 그런데, 오늘날의 생활환경과 같이 주의를 분산시키기 쉽고, 빨리 빨리에 쫓기며, 혼란스런 상태에 둘러싸여 생활하고 있는 사람의 입장에서는 매 순간 올바른 마음을 챙긴다는 것이 여간 어려운 일이 아니다. 현대인은 끊임없이 흘러나오는 뉴스, 알기조차 힘들게 많은 광고, 때와 장소를 가리지 않고 울리는 휴대전화 소리 등으로 자기가 진정으로 무엇을 하고 있는지조차 알기 어려운 상태가 되고 있다. 특히, 급속도로 발달되고 있는 인터넷이라던가 스마트폰의 생활화로 우리는 기구를 쓴다기보다도 오히려 각종 기구에 쓰임을 당하고 있는 실정으로 전락하였다고 하여도 과언이 아닐 정도이니, 매 순간 집중하여 그 순간의 상태를 있는 그대로 들여다본다는 것이 여간 어려운 일이 아니다.

붓다께서 펴신 여덟 가지 바른길의 가르침 가운데 핵심이라고 할 수 있는 것이 곧 바른 마음 챙김이라고 할 수 있다. 우리는 항상 무엇인가에 주의를 기울이지만, 어떤 것은 현재의 순간에 머물러 있는가 하면, 어떤 것은 현재와는 동떨어진 곳을 헤매거나 지난날의 일에 매여있는 경우가 많다. 바른 마음 챙김은 특정한 사안의 현재 이 순간, 바로 여기에서의 상태를 분별없이 깊이 살펴보는 것이다. 그렇기 때문에, 바른 마음 챙김을 위해서는 계속해서 순간순간의 상태를 깊이 관찰해야 한다. 엄격히 말하면, 마음 챙김을 뜻하는 범어인 'sati'란 바로 이 순간의 마음을 관찰하는 것을 말한다.

근래에 좌선(坐禪)과의 관계에서 비파사나(vipashyana)가 자주 입에 오르내리지만, '비파사나'라는 것은 한마디로 깊이 챙겨 관찰한다는 뜻이다. 만일, 사람이 무엇인가를 뚫어지게 깊이 새겨보면 그 겉모습 너머를 볼 수 있고, 그곳은 바로 그것의 본바탕, 곧 본령(本領)이다. 우리가 수박을 그냥 쳐다보면 녹색 바탕에 거무스름한 줄이 가 있는 둥근 것으로 보이지만, 그것을 좀 더 깊이 파고들어 챙겨본다면 붉은 속에 검은 씨앗이 총총히 박혀있음을 알 수 있다. 그처럼, 정신을 차려 매 순간의 마음이나 상태를 깊이 관찰하여 챙겨보는 것이 바로 바른 마음 챙김이다.

붓다께서는 바른 마음 챙김을 위해서는 사념처(四念處)를 바로 보아 제대로 관찰하여 방일(放逸)하지 않음으로써 바른 소견과 바른 사유로 마음을 고요히 머물도록 하라고 이르셨는 바, 사념처의 네 곳은 몸[身], 느낌[受], 마음[心]과 법[法]을 말한다. 이 네 가지 생각하는 곳은 곧 사람이 머무는 바탕이다. 따라서, 이 네 곳을 뚫어지게 관찰하여 그 참모습을 알아야 하고, 그것을 알면 우리는 괴로움에서 벗어날 수 있는 것이다. 사실, 사람들의 근심이나 갖가지 어려움은 사람이 사물의 실상을 제대로 보지 못한 데서 오는 것이 보통이다. 우리는 사물의 겉모습 너머는 말할 것도 없고, 겉모습이라는 것도 한 쪽만 볼뿐, 겉모습 너머의 본질이나 반대편은 보지 못한다. 모든 것은 본래부터 그 자체의 고유한 실체가 있는 것이 아니어서, 생겨난 것은 반드시 변하고 사라지는 것이라는 본질을 모르기 때문에, 늙고 병들어 죽는 데 대해서 괴로워하는 것이다. 만일 우리가 사물에 대하여 심사숙고하고 깊이 관찰한다면, 우리는 무명(無明)에서 벗어나고, 두려움과 불안을 극복할 수 있다. 바른 마음 챙김을 강조하는 까닭도 여기에 있다.

8) 바른 선정

바른 선정(正定: right contemplation)은 한곳에 집중된 고요한 마음의 상태를 말한다. 사람의 일상적인 생각이란 물거품 같은 것이어서, 생겨났는가 하면 사라지고 사라졌는가 하면 또 생겨나기를 종잡을 수 없이 반복하는 것이 뜬구름을 능가하고도 남음이 있을 것이다. 그 생각이라는 것은 과거, 미래, 현재를 거리낌 없이 왕래하는가 하면, 그 내용도 엉뚱하기 짝이 없는 경우가 많다. 그러자니, 사람의 마음은 잠시도 편하지 않고, 늘 들떠 있다. 들떠 있는 상태에서는 되는 일이 없다. 나무도 뿌리를 땅속에 깊숙이 내려야 큰바람에도 흔들림 없이 자라고, 건물이나 다른 시설물도 기초가 든든해야 오래 견디는 것처럼, 사람의 마음도 들뜸이 없이 고요하고 안정됨을 유지하여야 한다. 그래서, 선정(禪定)에 드는 것을 위의 마음 챙김을 관(觀)이라고 하는 것과 연결 지어 말할 때, '그친다'[止]고 하는 것이다. 이 생각 저 생각 하며 돌아다니는 것을 그치고 고요하게 머문다는 뜻이다.

바른 선정을 실행한다는 것은 매 순간을 바르게 알아차려 자기 것으로 하는 것이다. 우리의 일상적인 삶을 들여다보면 무엇을 위한 누구의 삶인지조차 분명하지 않은 경우가 많은 것이 사실이다. 지금 내가 무엇을 하고 있는지? 내가 참으로 하려는 것이 무엇인지? '나'라는 것은 과연 무엇인지? 등에 관하여 마음을 집중하고 살펴보는 일이 과연 얼마나 자주 있는지를 생각해 본다면 놀랄 정도로 무관심하고 판에 박힌 생활을 반복하고 있음을 알 수 있다. 아무 데에도 뿌리를 내리지 못한 채 물결에 흔들려 이리저리 떠다니는 부평초와 크게 다를 것이 없다. 그래서, 흔들리지 않도록 확고히 뿌리를 내리고 고요한 마음의 상태를 유지하라는 것이다.

앞에서 바른 마음 챙김을 보았거니와, 마음 챙김과 선정은 따로 떨어진 것이라기보다는 서로 불가분(不可分)의 보완적(補完的)인 관계에 있다. 바른 마음 챙김은 바른 선정을 전제로 하는가 하면, 바른 마음 챙김이 뒤따르지 않는 바른 선정은 기대하기 어려울 뿐만 아니라, 행방이 없는 길손과 같다고 할 수 있다. 삼매(三昧: samadha)와 비파샤나(vipashyana)를 불가분의 일체로 보는 이유도 바로 여기에 있다. 인도에서 만난 한 요기(Yogy)가 저자에게 말하기를 "깊이 집중하면 순간에 몰입하게 될 것이고, 그러면 당신이 곧 순간이 된다."라고 말한 것이 기억난다. 그래서, 삼매를 종종 몰입(absorption)으로 번역하기도 한다. 흔히 선정이라고 하면 좌선(坐禪), 곧 결가부좌를 하고 앉아서 하는 것을 연상하지만, 자세나 때와 장소를 가리지 않고 선정에 들 수 있다. 행주좌와(行住坐臥), 곧 걷거나 머물거나 앉거나 눕거나를 가릴 것이 없다. 다만, 가장 보편적으로 행하여지는 방법이 좌선일 뿐이다.

III. 사성제의 실행

처음에

위에서 괴로움에서 벗어날 붓다의 값진 가르침을 간단히 살펴보았거니와, 문제는 붓다의 가르침을 올바르게 이해하여 실행하는 데 있다. 아무리 좋은 가르침이 있다고 해도 그 가르침을 실행하지 않으면 아무 의미도 없다. 마치 병이 중한 환자가 명의의 처방으로 좋은 약을 받았다고 하더라도 환자가 그 약을 정성 들여 먹지 않는다면 아무런 효과도 있을 수 없고, 병이 나을 수 없음은 당연한 일이다. 괴로움을 없애기 위해서 우리가 갈 길을 붓다께서 자세히 제시해 주셨으니, 그 길을 갈 것인지의 여부를 정하고 실지로 그 길을 갈 사람은 바로 나 자신이다. 신(神)의 존재와 오로지 그 신만이 우리를 구할 수 있다고 믿는 종교와 다른 점이다.

사람들은 잠깐의 즐거움이나 기쁨만 있어도 그것이 영원히 지속될 줄 알고 그에 매달리는 어리석음을 저지르는 수가 많다. 위산(潙山) 선사가 그의 경책문에서 "잠깐의 즐거움을 누리는 일, 그것이 괴로움의 원인인 줄을 알지 못하는구나."[56]라고 말한 것은 정곡을 찌른 말이다. 초발심자경문(初

---

56) 一期趁樂 不知樂是苦因.

發心自警文)에서도 볼 수 있듯이, 우리는 "올 때 한 물건도 가져오지 않았고, 갈 때 또한 빈손으로 간다. 아무리 많아도 아무것도 가져가지 못하고, 오직 지은 업(業)만 따라 간다."[57]는 것을 안다면, 모든 것이 갖추어져 있는 바로 이곳에서 지금 붓다의 가르침을 닦아 익히지 않을 수 없는 일이다.

능엄경(楞嚴経)에는 "비록 많이 들었다고 해도 만약 수행하지 않으면 듣지 않은 것과 같다. 마치 사람이 음식 이야기를 해도 먹지 않으면 배가 부르지 않은 것과 같다."[58]라는 말이 있듯이, 당연한 말이다. 듣고 배우는 것은 실행하기 위한 것이다. 우리가 잘 알지 못하는 먼 나라에 여행을 떠나려고 하는 경우, 그곳에 관한 여러 가지 정보를 입수하고 지도 등 자료를 모아 공부하는 것은 그 여행을 더욱 알차고 보람 있게 하기 위한 일이다. 그와 마찬가지다. 우리가 붓다의 가르침을 듣고 배우는 것은 붓다께서 우리에게 보이신 길을 걸어감으로써 괴로움에서 벗어나고 해탈하려는 뜻에서이다. 유일신(唯一神)을 믿는 다른 종교와는 달리, 불교는 실행의 종교이다. 붓다의 가르침을 스스로 이해하고 증험하여 실행에 옮겨야 한다.

---

57) 來無一物來 去亦空手去 万般將不去 唯有業隨身.
58) 雖有多聞 若不修行 如不聞等 如人說食 終不能飽.

문제는 '실행'이라고 하지만 어떻게 실행할 것인가이다. 중국의 도림선사(道琳禪思)는 수행의 어려움을 다음과 같은 한마디로 밝혔다. 곧, "비록 세 살 먹은 아이도 말로는 할 수 있으나, 팔십 노인도 행하기는 어렵다."[59] 옳은 말이다. 실행이 어렵기 때문에 실행이 강조되는 것이다. 불법의 실행이라고 하면 먼저 떠오르는 것이 화엄경(華嚴経)의 보현행원품(普賢行願品)이다. 보현행원품은 원래 입부사의해탈경계보현행원품(入不思議解脱境界普賢行願品)이라는 긴 이름인데, 그것은 생각으로 헤아릴 수 없이 오묘한 해탈의 경지에 들어가려고 보현보살이 실행할 소원을 담은 경이라는 뜻이다. 그러므로 보현행원품의 내용이야말로 우리가 붓다의 가르침을 실행하면서 지킬 준칙이라고 할 수 있다. 보현행원품을 통해서 알 수 있듯이, 괴로움에서 벗어나고자 하는 소원은 마음속의 소원에 그치는 것이 아니라, 반드시 행동으로 실현하려는 소원이어야 한다.

붓다 가르침의 실행에 관하여 일컫는 것을 신해행증(信解行証)으로 요약할 수 있다. 붓다께서는 기회 있을 때마다 제자들에게 이르시기를 "존경하는 사람의 말이라고 해서, 스승의 말이라고 해서, 또는 붓다의 가르침이라고 해서 따르지 말

---

59) 三歳孩兒雖道得 八十老翁行不得.

라. 나의 가르침을 나의 가르침으로 믿되, 가르침의 내용을 스스로 요해(了解)하고, 스스로 실행하여, 스스로 증험(証驗)하라."라고 가르치셨다. 이 가르침이 신해행증, 곧 믿고, 이해하여, 스스로 행하고, 증험하라는 것이다. 교조적(教條的)으로 "내가 한 말, 내가 가르친 것이니 그렇게 믿으라."는 것이 아니다. 각자에게 취사선택의 자유가 주어진 것이다.

실행과의 관계에서 덧붙이고 넘어갈 일이 하나 있다. 그것은 이른바, 대승불교에서 말하는 위로 보리(菩提)를 구하고[上求菩提], 아래로 중생을 교화하는[下化衆生] 일이다. 붓다께서는 바라나시 교외의 사르나트에 있는 녹야원에서 다섯 비구를 상대로 초전법륜을 하신 뒤에 찾아온 바라나시의 거부(巨富)인 장자의 아들 야샤와 그의 친구 54명에게 설법하시어 법의 눈을 뜨게 하심으로써 도합 60명의 제자를 두게 되었을 때, 그들에게 모두 중생교화에 나서도록 이르시면서, 붓다께서도 스스로 우루벨라로 가시어 설법하시겠다고 하셨다.[60] 불교에서의 수행은 자기 홀로 수행정진(修行精進)함에 그치는 것이 아니라, 이웃에게도 널리 붓다의 가르침을 전하여 그 좋은 가르침과 공덕을 함께 공유할 수 있도록 하는 데 의미가 있다. 우리는 붓다의 거룩한 가르침을 실행하여 자신의 수행

---

60) 잡아함 39: 1096 승색경(繩索経).

을 도모하는 한편, 이웃에게 널리 함께 할 수 있도록 힘써 불교의 사회적 기능을 진작함으로써 비로소 온전한 실행이 된다는 것을 이해할 필요가 있다. 앞에서 본 신해행증, 곧 민음, 요해, 실행 및 증험에 관하여 간단히 살펴보고자 한다.

1. 믿음[信]

무엇인가를 하기 위해서는 하고자 하는 일에 대한 민음이 있어야 한다. 확신 없이 반신반의(半信半疑)로 하는 일은 될 일도 좌절되는 수가 많다. 화엄경 십신법문(十信法門)에는 "민음은 도의 근원이요, 공덕의 어머니이며, 모든 좋은 법을 길러낸다."[信爲道元功德母 長養一切諸善法]라는 가르침이 있지만, 무엇을 하든지 그 일에 대한 민음이 없으면 하는 일의 성취가 어려울 것은 당연한 일이다. 왜냐하면, 모든 행위는 마음에서 우러나는 것인데, 마음이 확고하지 않으면 흔들리고, 흔들리면 오래 가지 못한다. 그래서 선가귀감(禪家龜鑑)에서는 "벽에 틈이 생기면 바람이 들어오고, 마음에 틈이 생기면 마군이 침범한다"고 한 것이다.

그러면, "믿는다"는 것은 구체적으로 어떻게 하는 것인가? "믿는다'는 것은 머리만으로 믿어야겠다고 생각하는 것이 아니라, 마음과 몸을 다하여 받아들여 아무런 의심 없이 꼭 같이 여기는 마음의 상태를 가리킨다. 이것저것 괜한 이유를 따질 것 없이 마음속 깊이 받아들여 내 것으로 삼는 것이다. 그럼으로써, 자기도 모르게 거기에서 솟아나는 힘이 바로 믿음의 본질이라고 할 수 있다.

보현행원품(普賢行願品)을 보면 "마치 눈앞에 대하듯 깊은 믿음과 앎을 일으킨다."[起深信解如對目前] 라는 말이 있지만, 사람들은 자기의 눈으로 직접 보았거나 믿을 수 있는 사람이 보았다는 것이 아니면 좀처럼 믿으려 하지 않는다. 여기에서 말하는 '믿음'이란 마치 눈앞의 것을 보듯이[如對目前] 아무런 의심 없이 자연스럽게 믿어지는 것을 말한다. 그러면, 믿는다니 무엇을 믿는다는 것인가? 붓다께서 믿고 의지하라고 하신 것은 붓다 자신이 아니요, 하늘도 아니며, 붓다께서 스스로 깨치신 우주의 진리를 모든 중생을 위하여 분별하고 해설하며 드러내 보이신 가르침, 바로 그것이다. 붓다의 가르침은 바른 법[正法]임을 믿어 의심하지 않는 것이다. 그래야 붓다의 가르침을 아무런 주저 없이 실행에 옮기고, 정진을 계속할 수 있을 것이다.

근년에 서양의학에서 새로운 분야로 등장하여 주목을 받는 것이 바로 심신의학(心身医學: mind-body medicine)이다. 환자의 믿음이 질병의 치료에 매우 긍정적인 영향을 미친다는 점에 착안하여 체계화한 새로운 의료기법(医療技法)이다. 마음이 몸에 미치는 영향이 얼마나 강한 것인지에 대한 확신과 환자 자신의 병의 치유에 대한 확고한 믿음이 다양한 질병의 치유에 큰 영향을 미친다는 것이다. 그것은 의료계에서 흔히 말하는 플라시보 효과(placebo effect)와도 연결되는 것인데, 그 병에 대한 권위자로 알려진 의사가 환자에게 아주 친절하고 자상하게 대해주며 약을 처방하여 주면서, "이 약은 신약으로 아주 귀한 것인데, 시간을 맞추어 잘 복용하면 1주일 정도면 나을 것이요."라고 하였을 때, 환자는 그 의사와 약에 대한 믿음으로 자기의 병은 꼭 나을 것이라는 확신을 가지고 약을 먹을 것이고, 그 결과 놀랄만한 효과를 거둔다는 것이다. 사성제를 실행함에서의 믿음도 마찬가지 일이다. 사성제는 우주의 진리를 깨치신 붓다의 참된 가르침이라는 것을 굳게 믿고, 나아가 그 가르침을 제대로 실행하면 반드시 괴로움에서 해탈한다는 확신으로 정진하면 해탈의 경지는 결코 멀리 있는 것이 아니다.

2. 요해(了解)

요해란 사전적인 의미와 같이 어떤 일을 깨달아 아는 것을 말하는 것으로, 붓다의 가르침을 실행하려면 먼저 그 가르침의 내용을 잘 이해하여야 할 것은 당연한 일이다. 그러나 불법(仏法)을 요해한다는 것은 경전(経典)이나 넘기고, 그 속에 담긴 말 몇 마디를 외우는 것으로 되는 일이 아니다. 비유해서 말한다면, 경전이나 그것을 해설한 책은 별을 가리키는 손가락에 불과한 것이다. 별자리를 알리려니 팔을 들어 그 위치를 손가락으로 가리키지 않을 수 없지만, 보는 사람은 그 손가락을 통해서 저 멀리 있는 별의 모습을 보아야 한다. 별을 가리키는 손가락을 보았자 그것은 손가락에 지나지 않고 별과는 거리가 멀다. 불법을 공부하는 것도 그것과 마찬가지 일이다. 붓다의 가르침에 관한 공부는 스승의 말이나 경전 또는 논서(論書)를 통해서 하는 것이 첩경이지만, 그 글이나 논서에 담긴 뜻을 추구하여 가르침의 참뜻이 무엇인가를 새겨 이해하여야 한다. 그래서 붓다께서는 능가경(楞伽経)에서 "진실하고 거룩한 지혜는 언설(言説)에 있는 것이 아니다. 그러므로 마땅히 뜻에 의할 것이요, 언설에 매이지 말지니라."[非實聖智在於言説 是故當依於義 莫著言説][61]라고 이르신 것이다. 그래야 비로소 실행할 올바른 길을 파악하여 그 길을 바르게 갈 수 있다.

불교에서 '안다'는 것은 '믿는다'는 것과 불가분의 상호보

---

61) 저자, 능가경역해, 2015, 114, 117쪽.

완관계(相互補完關係)에 있다. 앞에서 본 바와 같은 깊은 믿음으로 말미암아 이해가 깊어지고, 깊은 이해는 깊은 믿음을 끌어내는 것이다. 보공화상(宝公和尙)이 대승찬(大乘讚)에서 "입으로는 천 권의 경전을 외우고 있으나, 근본 바탕에서 경전을 물어보면 알지 못한다. 불법이 원만하게 통한 도리를 알지 못하고, 쓸데없이 글줄을 찾고 글자를 헤아리네." 라고 한 것은 참으로 정곡을 찌르는 말이다. 다른 공부도 매양 마찬 가지이지만, 서둔다고 되는 일이 아니다. 능엄경(楞嚴経)을 보면 "이치로는 문득 깨달아 그 깨달음대로 한꺼번에 없애지만, 실제로는 문득 제거되는 것이 아니다. 차례를 따라 차츰 없어진다."[62]라는 말이 있으니 깊이 새길 일이다.

3. 실행(行)

불교는 실천의 종교이다. 물론 불교에도 예불(禮佛) 등 여러 의식이 있지만, 그것은 종교로서의 의례(儀礼)이고, 불교가 지향하는 중생을 제도하여 해탈에 이르게 하는 길 자체는 아니다. 붓다의 가르침은 각자가 스스로 행해야 하고, 그 가르침을 행할 것인지의 여부를 결정짓고 실제로 행하는 것은 각자의 몫이다. 괴로움에서 벗어나려면 붓다께서 밝히신 가르침에 따라 그 길을 스스로 착실하게 가야 한다. 가는 것이 귀찮

---

62) 理則頓悟 乘悟並消 事非頓除 因次第盡.

다고 해서, 가는 것이 힘들다고 해서 그 길을 가지 않고 효험(效驗)만을 바라는 것은 나무 위에서 물고기를 찾는 것[緣木求魚]과 같은 일이다. 목이 마르면 목마른 사람이 스스로 물을 마셔야지, 물이 있는 곳을 알기만 하는 것으로는 목마름이 가시지 않는 것과 같다.

앞에서 본 보현행원(普賢行願)의 진수는 행함에 있다. 보현행원의 행은 우리가 흔히 생각하는 통상적인 행위와는 상당한 차이가 있다. 사람들은 행위라고 하면 으레 자기가 일상적으로 해 온 행위나 주변 사람들이 습관적으로 하는 행위 정도로 생각한다. 그러나 보현보살의 행은 그러한 통상적인 수준의 것이 아니다. 보현보살의 행은 간절한 소원을 일으켜 철두철미하게 한마음으로 실행해 나가는 것이다. 사람의 평균 수명이 많이 길어졌다고는 하지만, 찰나(刹那)와 같은 인생에 곁눈질할 틈이 어디에 있겠는가?

불법을 닦아 행한다고 하면 으레 멀리 떨어진 외딴 산중을 연상하는 수가 많으나, 붓다의 가르침은 우리와 같은 일반 중생을 위한 것임을 유의할 필요가 있다. 불법은 바로 우리의 일상에 있는 것이지, 멀리 떨어진 외딴곳에 있는 것이 아니다. 물론, 조용하고 외딴 산중이면 사람들이 모여 사는 도시와는 달리 소음이나 매스컴 등에 의한 번거로움과 사람과의 접촉이 적어 마음을 고요히 하고 생각을 집중시켜 불법을 닦기가 쉬울 수도 있을 것이다. 그러나 산중은 산중대로의 장애가 있기 마련이다. 너무 고요하고 적막하다 보면 외로움에 젖기 쉽고, 한밤 중에 들려오는 짐승들의 울음소리에 움츠러들기에 십상이며, 비바람에 떨고 무거운 눈을 지탱하지 못하고 꺾여나가는 나뭇가지 소리인들 좋을 리가 없다. 그러니, 지금 바로 이곳이 수행에 안성맞춤인 곳이다. 불법은 사는 사람을 위한 것이고, 사람은 어울려 살기 마련이니, 지금 바로 이곳 말고 어디에서 더 좋은 수행처를 찾을 것인가?

금강경에서 "모든 법이 모두 불법이다."[一切法皆是仏法]라고 말씀하신 것처럼, 모든 것이 다 불법의 다른 표현이요, 우리의 사는 모습 자체가 바로 다른 형식으로 나타난 불법이다. "불법은 일상생활 속에 있으며, 가고, 머물고, 앉고 눕는 데에 있고, 짓고[作] 행하는 데에 있다."라는 말이 전해오는 것도 그 이유라고 하겠다. 그래서 대혜선사(大慧禪師)는 서장(書狀)에서 "만약 일상생활을 떠나 따로 나아갈 곳이 있으면 그것은 물결을 떠나 물을 구하는 것이다."[63]라고 단언한 것이다.

---

63) 若離日用 別有趣向則 是離波求水.

불법을 실행한다는 것은 그리 쉬운 일이 아니다. 이 세상에 소중하고 값진 일치고 쉬운 일은 하나도 없다. 그래서 정진을 강조하는 것이다. 황벽선사(黃檗禪師)가 불문(仏門)에 들어오는 사람에게 한 유명한 말이 있다. "번뇌를 멀리 벗어나는 일이 예삿일이 아니니, 승두(蠅頭)를 단단히 잡고 한바탕 공부할 일이다. 추위가 한번 뼈에 사무치지 않았다면 어찌 코를 찌르는 매화 향기를 얻을 수 있을 것인가?"라는 게송이 곧 그것이니, 두고두고 수행의 지침으로 새길 말이다.

불법을 실행하면서 가장 중요한 것은 마음을 살펴 다스리는 일임은 잘 알려진 일이다. 화엄경에서 볼 수 있는 삼계유심(三界唯心), 곧 삼계는 오직 마음뿐이라거나, 일체유심조(一切唯心造), 곧 모든 것은 마음이 만든다고 하는 것처럼, 마음을 떠나면 아무것도 없다. 그렇기 때문에, 유마경(維摩経)에서는 "청정한 국토를 얻고자 하면 마땅히 그 마음을 청정하게 하라. 그 마음이 청정함을 따르면 곧 불국토가 청정하다."[64]라고 하였다. 아무튼, 붓다의 가르침인 사성제를 실제로 행동에 옮긴다는 것은 매우 중요하고도 어려운 일이어서, 참으로 "믿고 받아 받들어 행하여야[信受奉行) 할 일이다.

---

64) 欲得淨土 淸淨其心 隨其心淨 則仏土淨.

4. 증험[証]

여기에서 증험(証驗)이란 붓다의 가르침을 실행함으로써 그 가르침의 성과를 스스로 느끼는 것을 말하는데, 증과(証果)라고도 한다. 붓다께서 가르치신 네 가지 거룩한 진리의 옳고 그름을 자신의 올바른 실행을 통하여 직접 경험하는 것이다. 괴로움에서 벗어나는 길을 보이신 붓다의 가르침을 실행함으로써 마음이 가벼워지고 괴로움이 엷어지는 것은 그 예이다. 붓다께서는 가르침을 펴신 다음, 직접 실행하여 스스로 증험하여 보라고 하셨다. 맹목적으로 믿고 행하라는 것이 아니다.

붓다의 가르침을 알았다면 우리가 할 일은 과(果)에 대한 기대보다도 소담스러운 과를 맺을 수 있는 인(因)을 가꾸는 일임을 명심하여야 한다. 자기가 해야 할 일은 뒤로 하고, 결과에 급급한 나머지 증험에 먼저 매달리는 것은 생쌀을 보고 배부르기를 기대하는 것과 같다. 배가 고프면 쌀을 씻어 쌀을 안친 다음, 불을 때서 밥을 짓고, 다 된 밥을 스스로 먹어야 배부르다는 결과를 증험할 수 있는 것과 같은 이치이다.

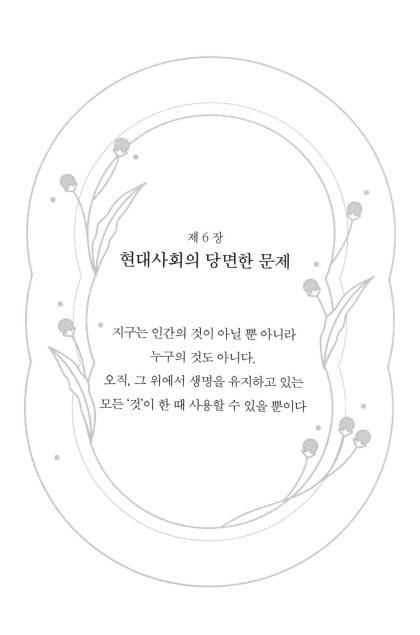

제 6 장
현대사회의 당면한 문제

지구는 인간의 것이 아닐 뿐 아니라
누구의 것도 아니다.
오직, 그 위에서 생명을 유지하고 있는
모든 '것'이 한 때 사용할 수 있을 뿐이다

I. 현대사회의 구조적 변화

이 지구에서 상호의존관계의 붕괴는 사회의 구조적 변화와 전혀 무관하지 않다. 사회적 구조의 변화를 가져온 요인들이 결국 모든 '것'의 상호의존관계를 무너트리는 요인으로 크게 작용한 것을 부인할 수 없기 때문이다. 그러한 관점에서 현대사회의 구조적 변화에 관하여 관견(管見)하려는 것이다.

20세기의 후반에 접어들면서부터 21세기 초엽에 걸쳐 우리 사회는 여러모로 경이적인 변화를 경험하게 되었다. 세계화의 촉진, 디지털화와 자동화의 촉진, 대량 수요와 대량 생산, 인구의 고령화와 신생아 감소 등이 그 예라고 할 수 있다. 그에 더하여, 세계 도처, 특히 중동이나 아프가니스탄에서 빈번하게 발생하는 분쟁과 그와의 관계에서 빚어지는 전투에 따르는 대량 파괴와 살상은 수많은 무고한 생명을 희생의 도가니에 몰아넣고, 특히 올해 2월 24일에 시작된 러시아의 우크라이나 침공은 그로 인한 생명과 재산에 대한 피해를 필설로 다하기 어려울 정도라니 참으로 안타깝기 짝이 없는 노릇이다. 이 모든 일이 현대 사회의 변혁과 불가분의 관계에 있는 것이어서, 그에 관하여 간단히 살펴보는 것이 좋을 것 같다.

1. 세계화의 촉진

1980년대 초 관세 및 무역에 관한 일반협정(GATT)의 결정에 따라 미국을 중심으로 출발한 이른바, 우루과이 라운드(Uruguay Round)에서 수년에 걸친 협의 결과 발족한 세계무역기구(World Trade Organization, WTO라 함)를 매개로 경제활동은 세계화의 길에 오르게 되었다. 경제 분야에서의 세계화가 시작되자, 주로 선진국들은 물론 제법 잘 나간다는 기업들은 행여 경쟁에서 뒤질세라 안간힘을 쏟지 않을 수 없게 되었고, 적어도 경제 행위에 관한 한 국경은 거의 상징적일 정도의 것이 되었다고 해도 과언이 아니었다. 그 결과, 다국적기업이 양산됨은 물론, 경제 분야에서의 경쟁이 날로 치열해진 것은 오히려 자연스러운 현상이다.

경쟁이 심화하면 그 경쟁에서 이기기 위하여 남보다 새롭고 더 나은 것을 내놓아야 하고, 남보다 조금이라도 빨라야 함은 경쟁의 자연적인 귀결이다. 그러니, '빨리빨리'는 물론, 신제품이라는 명목 아래 한 달이 멀다고 새로운 것을 출시하지 않을 수 없으며, 이는 자연히 수요자의 부담 증가는 물론, 자원의 대량 수요를 불가피하게 한다. 한편, 1995년에 세계무역기구가 발족한 초기만 해도 제법 순수한 경제기구로서의 순기능을 수행한 것으로 평가되었으나, 약 20년을 넘기면서 정치성의 개입이 두드러지게 나타나기 시작하였고, 이제는 일각에서 세계무역기구의 폐지론이 거론될 정도가 되었음은 퍽 아이러니한 일이라 아니할 수 없다.

2. 대량생산과 대량소비

과학기술의 비약적인 발달에 힘입은 생산력의 향상으로 제조시설에서의 각종 제품에 대한 생산 효과는 양(量)과 질(質)을 가릴 것 없이 눈에 띄게 제고된 것이 사실이다. 한편, 제2차 세계대전의 종식과 함께 이룩된 비약적인 경제발전은 물론 선진 국가에서의 일이기는 하지만 인류가 일찍이 경험하지 못한 풍요를 가져오고, 그 여파로 사람들의 대량소비를 불러왔음은 오히려 자연스러운 현상으로 받아들여졌다. 대량소비는 당연히 생산을 자극함으로써 대량생산으로 이어지고, 대량생산은 동시에 대량소비를 유도하는 밀접한 함수관계에 있는 것임은 모두 잘 아는 일이다.

대량생산을 위하여는 자연히 원료인 자재의 수요를 증가시키고, 자재의 수요 증가는 당연히 개발의 촉진이 수반됨을 부인할 수 없다. 그뿐 아니라, 생산 증가를 위하여는 에너지의 수요 증가가 수반되지 않을 수 없고, 에너지를 얻기 위해서는 발전(發電)이 불가피하여 발전소의 터빈을 돌리는 동력으로 원자력발전이나 풍력 또는 수력발전에 의한 경우가 아니면 석탄 또는 천연가스 등 화석연료를 사용하여야 하므로 지구의 기후재난의 직접적인 원인인 온실 현상을 초래하는 이산화탄소의 발생을 불가피하게 한다. 그뿐만 아니라, 대량 소비는 자연히 폐기물의 배출량을 증가시킴으로써 폐기물 처리 관계에서 각종 환경오염을 피하기 어렵다는 것은 이미 경험하고 있는 일이며, 특히 큰 문제는 폐기물 가운데 큰 비중을 차지하는 것이 바로 플라스틱(plastic)이라는 사실이다. 플라스틱은 극히 일부 예외적인 것을 제외하고는 땅속에 묻히거나 물속에 있어도 썩지 않는다는 점이며, 많은 양의 플라스틱 폐기물은 국내의 하천을 거쳐 바다로 흘러 들어가거나 많은 양의 폐기물이 바다에 폐기됨으로써 해양오염의 주범 중의 하나가 되고 있음은 이미 잘 알려진 사실이다.

3. 노령인구의 증가와 출산율의 감소

전 세계적으로 노령인구가 늘어남에 따라 그 나라의 인구에서 노인인구가 차지하는 비율에 따른 기준으로 UN은 1) 고령화 사회는 노인의 비율이 7% 내지 13%, 2) 고령사회는 14% 내지 19%, 3) 초고령사회는 20% 이상인 경우로 정했다. 고령화 속도는 OECD 회원국에서 거의 공통으로 가속화 경향을 보이는 것이 사실인데, 그 가운데에서도 특히 일본이

선도적인 입장에 있다는 것은 이미 알려진 일이다. 일본의 경우 노인의 비율은 이미 1970년에 총인구 가운데 6.9%에 이르러 거의 고령화 사회에 이르렀고, 불과 30년 뒤인 2000년에는 17.9%, 2010년에는 22.5%로 급격한 증가율을 나타냄으로써 일본은 이미 초고령사회에 진입했다는 것은 주목할 만한 점이다. 그러나 우리나라의 고령화 속도도 다른 나라에 비하여 비교적 빠른 편에 속하기 때문에 초고령 노인의 수도 급격히 증가하는 추세를 보이고 있으나, 이러한 추세는 오늘날 선진제국에서 일반적으로 볼 수 있는 현상이라고 할 수 있다. 그런데, 근년의 상황은 더욱 낙관을 어렵게 하고 있다. 곧, 의료기술의 급격한 발달은 물론, 갖가지 영상의료기기의 출현과 다국적 제약회사들의 거대자본을 투자한 신약 개발로 말미암은 평균 수명의 계속된 연장은 경시할 수 없는 일이다. 더욱이, 근년에 들어 예방접종의 보편화와 위생 상태의 향상은 물론, 건강증진을 위한 적절한 운동의 생활화 등은 자연히 평균수명을 높이고 고령인구의 증가로 이어지는 것임은 엄연한 사실이다.

앞에서 본 바와 같은 고령인구의 급증과 맞물려 고조되고 있는 문제는 신생아 출산율의 저하로 인한 인구감소의 문제이다. 신생아 수가 매년 감소하는 경향을 보이는 것은 비단 우리나라나 이웃 일본의 문제만이 아니라, 선진제국에서 일반적으로 볼 수 있는 현상이라는 데에 문제의 심각성이 있다. 근년에 들어 전자기기의 급격한 발달과 여성의 사회적 지위 향상에 힘입은 여성의 사회진출, 특히 취업이 활발해진 것과의 관계에서 자연히 만혼(晩婚) 내지 결혼 기피 현상이 나타나고, 결혼하는 경우에도 극도의 산아제한(產兒制限)으로 이어지고 있다. 결국, 현실적으로 비싼 주거비와 자녀의 양육비 및 교육비의 부담은 물론, 육아에 따른 여러 부담은 결혼 내지 출산을 회피하는 중요한 요인으로 작용하고 있는 셈이다.

위에서 본 바와 같이 노인 문제는 그것만을 떼어 단편적으로 생각할 수 있는 것이 아니라, 국민 전체의 관점에서 입체적으로 살펴볼 문제다. 왜냐하면, 고령인구는 일반적으로 비생산적인 계층에 속하기 때문에, 그러한 비생산적인 고령인구의 증가는 그에 대한 부양을 담당할 생산인구와 밀접한 관계에 있기 때문이다. 경제활동의 주역인 생산인구는 신생아의 출산율에 밑받침되는 것인데, 신생아의 출산율이 매년 감소하는 추세를 보인다는 점에 문제의 심각성을 엿볼 수 있다.

4. 이기적 경향의 만연

오늘날 특징적인 경향을 흔히 "물건은 넘치는데, 사랑은

메마른 사회"라고 말한다. 사람들 사이를 연결하고 사람들의 편익을 도모하기 위하여 마련한 고도로 발전된 기기(器機)들은 오히려 역기능(逆機能)을 함으로써 사람들 사이의 격의 없는 소통을 방해하고 이웃과의 관계를 소원하게 하여 자기도 모르는 사이에 이기적인 관념에 빠지게 한다. 간단한 예를 한 가지만 들어보기로 한다. 손안의 '도깨비 상자'라는 스마트폰(smart-phone)은 애당초 이동통신의 편익을 위한 기기로 출발하였으나, 디지털(digital)화에 힘입어 이제는 사회관계망(SNS)은 물론, 인터넷, 문자 교신, 각종 드라마나 음악 기타 광범하고 다양한 내용의 앱(app.) 기능 등을 장착하고 있으며, 우리나라의 경우 심지어 3, 4세 유아(幼兒)들이 지니고 있을 정도로 폭넓게 보급되어 일상생활화하기에 이르렀음은 누구나 아는 사실이다. 사회관계망은 자기 소리만 들려주는 폐쇄된 방과 같으며, 모든 것을 이분법적으로 갈라 치는 것이 생활화되었음은 물론, 틈만 나면 자기 손바닥 안의 스마트폰만 들여다봄으로써 한자리에 앉아서도 옆 사람과의 대화는커녕 눈도 마주하는 일이 드물다 보니, 이기적인 경향으로 흐르지 않을 수 없음은 쉽게 이해할 수 있는 일이다.

히말라야의 협곡에 자리한 작은 불교국가인 부탄(Bhutan)은 국토 면적으로 보나 경제 규모나 인구수 및 1인당 국민소

득으로 보아 아주 작은 저개발국가의 하나이다. 그러나 부탄은 그들의 불교적 전통을 지키고 히말라야의 자연환경을 보전하면서 그들 나름의 행복한 생활을 즐기고 있어, 국민의 행복지수가 UN 회원국 가운데 1위에 오른 나라이다. 저자는 10여 년 전 회의 참석을 위하여 스리랑카(Sri Lanka)를 방문하고, 내심 매우 놀란 적이 있다. 당시, 스리랑카는 경제적으로 낙후되었을 뿐 아니라, 북부 산악지대에는 반군(叛軍)들이 때도 없이 준동(蠢動)하여 치안조차 불안한 상태였다. 고달픈 삶에 괴로움도 많을 것이란 선입견을 품고 그곳에 갔는데, 막상 가보니, 가는 곳마다 사람들의 밝은 표정과 친절함, 그리고 활기찬 삶의 모습은 방문객을 놀라게 하고도 남음이 있었다. 시골 풍경은 1950, 60년대의 우리나라 농촌을 연상하기에 족한 상태였지만, 논밭에서 일하며 소리 내어 웃어대는 마을 사람들의 즐거운 모습, 그리고 지나가는 나그네에 대한 친절함 등은 경제적 풍요를 자랑하는 서구사회에서는 찾아보기 힘든 현상이다. 문제는 이웃과 어울림과 격의 없는 소통으로 모두 상호의존관계를 유지하고 있음을 실감하게 한다는 데에 있다고 하겠다.

Ⅲ. 현대사회의 심각한 문제

위에서 현대사회의 구조적 변화의 대표적인 모습을 간략히 보았거니와, 그러한 구조적 변화와 맞물려 엿볼 수 있는 문제점을 간단히 들어보지 않을 수 없다.

1. 인간중심주의가 빚어낸 문제

지구는 당연히 인간의 것이 아님은 물론 누구의 것도 아니고, 그 위에서 삶을 이어가고 있는 모든 '것'이 그 삶을 이어가는 터전이다. 그런데도 인간중심주의 관념에 젖어있는 인간들은 인간은 마치 만물의 영장(靈長)이나 된 듯이 자부하면서, 오로지 인간의 번영만을 추구하여 지구를 자기 것이나 되는 듯이 마구 파헤치고, 그 위에서 생명을 유지하고 있는 헤아릴 수 없이 많은 '것'들을 무자비하게 포획하거나 잡아다 가축화(家畜化: domestication)함으로써 식용으로 도살하는 것이 일상화됨으로써 헤아릴 수 없이 많은 생명을 위한 생태계는 크게 훼손되기에 이르렀음은 누구나 아는 일이다.

그뿐만 아니라, 과학기술의 발달과 산업혁명을 계기로 기계화가 촉진됨으로써 기계의 조작 등을 위한 에너지 수요가 증가함에 따라, 화석연료(化石燃料: fossil fuel)의 대량 채굴로 얻어지는 유류나 천연가스를 동력으로 한 발전량의 증가는 자연히 이산화탄소(CO_2)의 대량 방출로 이어져 지구 온난화의 촉진제가 되고 있음은 이미 상식이 되었다. 지난 2022. 5. 9. UN의 세계기상기구(世界氣象機構)는 "2026년까지 앞으로 5년 동안에 적어도 1년은 연평균 기온이 산업화 이전보다 1.5도 이상 높을 확률이 48%에 이른다는 분석을 내놓았다. 또, 이 보고서는 이 기간의 연평균 기온이 산업화 이전인 1850년에서 1900년까지의 연평균 기온보다 1.1 내지 1.7도 높을 것으로 전망하면서, 지난 2021년의 연평균 기온이 산업화 이전보다 이미 1.11도가 상승하였음을 확인하였다. 참으로 큰 걱정거리가 아닐 수 없다.

더욱이, 선진제국에서 경제성장이 가속화함에 따른 대량 수요는 앞에서 본 바와 같이 각종 폐기물의 비약적인 증가를 수반함으로써 산업폐기물은 물론, 생활폐기물의 처리라는 새로운 문제를 발생시켰고, 특히 생활폐기물의 증가로 야기된 다량의 플라스틱 폐기물은 토양과 해양오염의 주범으로 작용하고 있음은 이미 알려진 사실이다.

이 모든 문제가 인간중심주의적인 관념과 밀접 불가분한 관계에서 빚어진 일들임은 분명한 일이다.

2. 상호의존관계의 붕괴로 인한 문제

우주의 근본 법칙인 연기법과 '공'으로 말미암아 모든 '것'은 무엇인가의 원인에 알맞은 조건이 화합하여 우주 공간에 널린 원자 등이 모여 구성됨으로써 생겨나 그 존재를 유지하면서 변하다가 결국 그 존재를 마치고 본래의 상태로 되돌아가는 것임은 앞에서 거듭 살펴본 바와 같다. 그렇기 때문에, 모든 '것'은 스스로 생겨나 스스로 그 존재를 유지할 수 있는 것이 아니어서 그 자체로서의 실체성(實體性: reality)이 없는 것이기 때문에, 존재를 유지하기 위해서는 매사에 이웃과 어울림과 도움이 필요함은 당연한 일이며, 여기에 모든 '것'의 상호의존관계의 참모습을 볼 수 있다는 것 또한 위에서 되풀이 설명한 바와 같다.

이치가 이처럼 분명하지만, 유독 인간은 상대적으로 다른 동물에 비하여 조금 나은 구조의 두뇌를 가진 것을 내세워 만물의 영장 행세를 함으로써 식용(食用), 박제용(剝製用), 약용(藥用) 등 온갖 목적을 위하여 다른 동물을 포획하거나 살생을 계속함은 물론, 개발이라는 미명(美名) 아래 지구 표면을 분별 없이 파헤치고, 지구의 허파 구실을 하는 원시우림(原始雨林: tropical rain-forest) 등을 계속 벌채하고 개간하며, 인간의 편의를 위하여 무분별하게 철로와 고속도로를 부설함으로써, 생물들의 소중한 생태계(生態界: biosphere)를 파괴하게 되었다. 그 결과는 뻔한 일이다. 자연히 수많은 동물이 멸종되거나 멸종의 위기에 놓이게 되었고, 상호의존관계에 있어야 할 생물들은 서로를 두려워하는 존재가 되었다. 기원전 8.000년만 해도 전 세계에 존재한 사람의 수는 약 5.000만 명에 불과하였던 것이 20세기 말에 이르러 약 70억이라는 엄청난 수에 이르게 되었고, 2.050년에는 약 97억 명으로 증가하였다가 2.100년에는 약 100억을 넘을 것으로 추산하고 있으며, 2.100년의 약 100억에 이르는 인구를 정점으로 하여 점차 감소의 추세를 보일 것으로 전문가들은 추정하고 있다고 한다. 사람의 수와는 반대로 많은 수의 동물은 멸종되거나 각 개체(個體)의 수는 급감함으로써 오히려 소수의 지위에 있던 호모 사피엔스(homo sapiens)가 다수의 위치를 차지하는 지배종(支配種)이 되고 과거에 다수의 위치에 있던 다른 동물들이 소수의 지위로 전락하게 되는 기현상을 만들어 내게 된 것이다. 그 결과, 다른 생물군(生物群)에서만 교류되는 미생물이나 바이러스는 경계 없이 서식(棲息)함으로써 동물끼리만 영향을 미치던 전염병은 인수간(人獸間)에까지 미치게 되었음은 근래 2, 3년에 걸쳐 세계적으로 창궐하고 있는 코로나-19(covid-19)를 통해서도 알 수 있는 일이다. 더욱이, 지구의 온난화 현상과 맞물려 추운 곳과 더운 곳을 왕래하며 사는 철새들 가운데 청둥오리나 제비를 비롯한 몇 가지 철새들은 한 곳에 눌러앉아 사는 텃새로 변하여 한곳에 정착하는 예까지 있어, 주로 고공(高空)을 나르는 조류를 숙주(宿主)로 하는 바이러스가 인간에 전이(轉移)하기 쉬운 상태가 되었다. 이러한 한 가지 사례도 인간이 소중한 상호의존관계의 틀을 무너뜨림으로써 비롯된 불행한 일임은 다시 말할 나위조차 없다.

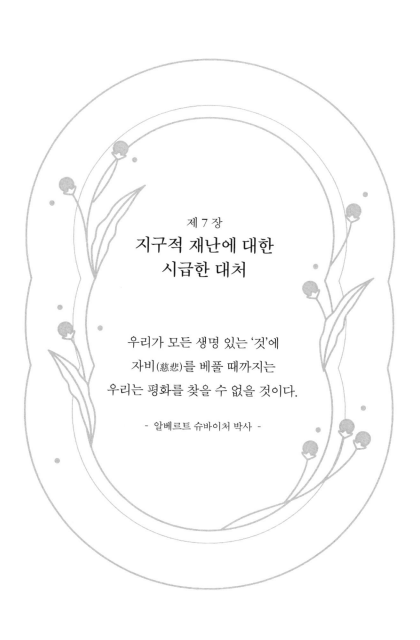

제 7 장
지구적 재난에 대한
시급한 대처

우리가 모든 생명 있는 '것'에
자비(慈悲)를 베풀 때까지는
우리는 평화를 찾을 수 없을 것이다.

- 알베르트 슈바이처 박사 -

I. 문제의 초점

앞에서 이 세상의 모든 '것'은 상호의존관계에 있으며, 어느 '것' 하나 그 홀로 삶을 유지할 수 있는 것은 없음을 보았다.

인간중심주의는 과학적 실험과 경험의 축적 등에 따라 더 이상 용인될 수 없는 상황에 놓이게 되었다. 이제, 우리는 다른 모든 생명 있는 것들과 유사함은 물론, 밀접하게 관계되어 있음을 알게 되었고, 경계조차 알 수 없는 이 우주에서 우리만의 이득을 챙길 수 없다는 것이 분명해졌다.

그뿐만 아니라, 인간중심주의자들이 금과옥조(金科玉條)처럼 내세웠던 구약성서 창세기의 제1장 26-28의 참뜻도 잘 챙겨본다면 그러한 뜻이 아님을 알 수 있다. 저자가 이해하는 위 창세기의 참뜻을 간략히 요약해 보면 다음과 같다. 먼저, 성경의 구절을 봄에 있어서는 그리스도 신자들이 믿는 것처럼 "사랑이신 하나님"을 전제로 하여야 함을 미리 밝혀둔다. 첫째로 신(神)의 존재를 인정한다고 가정하더라도 신의 형상은 인간과 같다. 둘째로 "땅을 정복하라"라는 것은 땅을 마음대로 지배하고 개발하며 처분하라는 뜻이 아니라, 땅을 '널리 거두어 보살피라'는 뜻이다. 셋째로 "바다의 물고기와 하늘의 새와 땅에 움직이는 모든 생물을 다스리라."라는 것은 모든 생물을 사람의 마음대로 포획(捕獲)하고 살육(殺戮)하며 처분하라는 뜻이 아니라, 모든 생물이 조화롭고 질서 있게 서로 어울려 살 수 있도록 다스리라는 뜻이며, '다스림'에는 다스리는 자, 곧 치자(治者)와 다스림을 받는 자, 곧 피치자(被治者) 사이에 일정한 불문(不文)의 규범(規範)이 있다. 그것을 동양에서는 군신유의(君臣有義), 곧 다스리는 군주(君主)와 다스림을 받는 신하(臣下) 사이의 도리는 의리(義理)에 있다는 것이다. 여기에서 '의리'란 사람으로서 지켜야 할 바른 도리(道理)를 가리킨다. 무릇, 글, 특히 경전 같은 글을 읽음에 있어서는 문언(文言)에 매일 것이 아니라 그 문언이 함축(含蓄)하고 있는 참뜻이 무엇인지를 파악하도록 노력하여야 함은 말할 나위조차 없는 당연한 일이다. 만일, 위에서 본 저자의 해석이 옳다고 한다면, 인간중심주의는 오히려 창세기의 뜻에도 어긋난다고 아니할 수 없다.

더욱이, 요한복음에는 "저는 그 안에 있고 아버지께서는 제 안에 계십니다."[65]라고 함으로써 불이사상(不二思想)을 나타내고 있을 뿐만 아니라, 사도(使徒) 바오로(Paul)의 코린트서(Apostle to the Corinthians)는 "몸은 한 지체가 아니라 많은 지체로 되어 있습니다. ...한 지체가 고통을 겪으면 모든 지체가 함께 고통을 겪습니다. 한 지체가 영광을 받으면 모든 지체

---

65) 요한복음 17장 22절.

가 함께 기뻐합니다."[66]라고 함으로써 상호의존관계를 분명히 하고 있음을 알 수 있다.

아무튼, 우리 삶의 터전인 이 아름다운 행성, 지구가 직면하고 있는 재난에 효과적으로 대처하려면 무엇보다도 먼저 지구상 모든 '것' 사이의 '관계성'(關係性: relatedness)이 시급히 회복되어야 한다. 한편, 최근에 발행된 과학저널 바이오로지칼 리뷰(Biological Reviews: 생물학 연구) 최신호는 매우 충격적인 미국 하와이대학 연구팀의 연구 결과를 발표하였다. 곧, 이 지구라는 행성에 생물이 존재하게 된 뒤로 다섯 차례에 걸친 대멸종(大滅種: mass extinguish)이 있었는데[67], 1,500년 뒤의 6번째 대멸종이 진행 중이라는 것이다. 그 연구 결과에 의하면 지구상의 생물 중 7.5 내지 13%가 이미 사라져 대멸종이 심화되고 있다는 것이다. 연구를 이끄는 로버트 코위(Robert Cowee) 교수는 과거 5차례의 대멸종은 소행성의 충돌이나 지각변동 등 자연적인 원인에 의하여 발생하였으나, 다가

---

66) 1. 코린트서(The Epistles of Paul the Apostle to the Corinthians) 12장 14, 26절.
67) 4억 5,000만 년 전의 오르도비스기 말의 대멸종, 3억 6,000만 년 전 데본기 말의 대멸종, 2억 5,200만 년 전 페름기 말의 대멸존, 2억 100만 년 전 트라이아이스기 말의 대멸종과 6,600만 년전의 소행성 충돌로 인한 대멸종이 그것이다.

올 6번째 대멸종은 인간에 의한 생태계 파괴로 인하여 생겨날 결과라고 단언한다. 인간으로서 귀담아들을 참으로 중차대(重且大)한 일이 아닐 수 없다. 이와 맥을 같이 하는 유발 하라리 교수의 뼈아픈 경고를 여기에 덧붙이는 것이 필요할 것 같다. 그는 자신의 명저 "사피엔스"의 결론 격으로 인간에 대한 경고를 잊지 않았다. 곧 "불행히도 지구상에 지속되어온 사피엔스 체제가 이룩한 것 중에서 자랑스러운 업적은 찾아보기 어렵다. 우리는 주위 환경을 굴복시키고, 식량 생산을 늘리며, 도시를 세우고, 제국을 건설하며, 널리 퍼진 교역망(交易網)을 구축하였다. 하지만, 우리가 세상 고통의 총량(總量)을 줄였을까? 인간의 역량은 크게 늘어났지만, 개별적인 사피엔스의 복지를 개선하는 데는 이르지 못하였다. 그뿐만 아니라, 그로 인해 다른 동물들에게는 큰 불행을 야기하는 일이 되풀이되었다. 우리의 기술은 카누에서 갤리선과 증기선을 거쳐 우주왕복선으로 발전해 왔지만, 우리가 어디로 가고 있는지는 아무도 모른다. 과거 어느 때보다 강력한 힘을 떨치고 있지만, 이 힘으로 무엇을 할 것인가에 관해서는 생각이 거의 없다. 이보다 더욱 나쁜 것은 인류가 과거 어느 때보다도 무책임하다는 점이다."라고 일깨우고 있다.

II. 상호의존관계의 복원

앞에서 간단히 살펴본 바와 같이 지금 지구가 직면하고 있는 재난을 계기로 근거도 없는 인간중심주의적인 사고에서 벗어나 우주의 기본 법칙인 연기법과 '공'의 원리에 따라 자연과 뭇 생명과의 상호의존관계를 되돌아보고, 우리 모두 생활의 터전인 이 지구가 온존(溫存)할 수 있도록 반성하고 참회할 필요가 있다. 뭇 생명 있는 것들과 상호의존하며 서로 어울려 산다는 것은 국가나 정책의 문제이기에 앞서 근본적으로는 개개인의 관념(觀念)과 처신의 문제가 바닥에 깔린 것임을 유의할 필요가 있다.

모든 생명 있는 '것'은 하나도 예외없이 인연이 닿아 원자와 같은 극미인자(極微因子)와 에너지(energy)가 화합함으로써 생겨나 존재를 유지하며 변하다가 결국 원래의 상태로 되돌아가 사라지는 것임은 현대과학을 통하여 이미 밝혀진 사실이다. 그러므로 이처럼 생겨난 '것'들은 인연에 따라 생겨난 각기의 모습이 서로 다르고, 삶의 방식이 다르며, 기능에 각각 차이가 있을 뿐, 생명을 갖고 태어나 삶을 유지하고 변하다가 마침내 삶을 마치게 된다는 근본적인 점에서는 모두 마찬가지이다. 이들은 그 삶을 유지하기 위하여 초식(草食)이나 육식(肉食)이나 잡식(雜食)을 가리지 않고 무엇인가를 먹어야한다는 공통점이 있다. 그런데, 이들 생물이 먹어야 할 것은 각 생물이 스스로 만들어내는 것이 아니라, 외부적인 무엇인가에 의존하지 않을 수 없다는 점도 또한 마찬가지이다. 예컨대, 사람의 먹이는 주로 쌀, 밀, 보리, 콩과 같은 식물의 열매, 소나 돼지 또는 생선과 같은 다른 생물의 고기에 의존하지 않을 수 없고, 쌀, 보리, 밀이나 콩과 같은 식물은 그것을 땀 흘려 가꾸고 수확한 농부는 물론, 그 열매를 가공하고 유통해 우리의 식탁에 오르기까지 수많은 사람의 노력과, 소나 돼지를 기르고 바다에서 수많은 위험을 무릅쓰고 고기를 잡아 우리 부엌의 조리대에 오르게 한 수 많은 이의 노력 없이 자급한다는 것은 기대조차 할 수 없는 일이다. 거기에 더 근본적으로 벼나 밀, 보리와 콩과 같은 식물 또는 소, 돼지나 생선과 같은 동물의 희생 내지 도움 없이 사람의 생명을 유지한다는 것은 애초에 생각조차 할 수 없는 일이다.

그러나 그것이 어디 사람만의 일이겠는가? 모든 동물은 코끼리, 들소[누우], 얼룩말이나 기린 등과 같이 일정한 풀의 싹이나 나뭇잎을 뜯어 먹고 살거나, 사자나 표범 또는 하이에나 또는 악어 등과 같이 다른 동물을 먹이로 삼는 이른바, 약육강식(弱肉强食)이 지배하는 상태도 광범위하게 유지되고 있다. 여기에서 특히 눈에 띄는 것은 사람 이외의 다른 동물의 경우, 특히 약육강식이 지배하는 동물의 생태(生態)에서는 배가 비면 배를 채울 수 있는 정도만 잡아먹고, 배가 차면 먹다가도 버려둠으로써 다른 것이 먹도록 하거나, 표범처럼 나무 위와 같이 다른 동물의 접근이 어려운 곳에 잠시 저장하였다가 다시 먹는 정도임을 알 수 있다. 사람의 경우처럼 1년이나 아니 일생도 모자라 자식의 대나 손자 대의 먹을거리를 미리 챙기는 동물은 찾아볼 수 없다. 오직 사람만이 탐욕에 매어 만족을 모르고 오로지 개발하고, 만들고, 뺏거나 잡기를 거듭함으로써 상호의존관계의 틀을 무너트리는 일을 예사로이 자행(恣行)한다. 먹는 것도 마찬가지 일이다. 먹는 것은 삶을 유지하기 위하여 필요한 성분을 음식을 통하여 섭취하는 것이다. 그런데도, 사람들 가운데에는 몸에 좋다면 무엇이든 즐기고, 좋아하는 것이라면 뱀, 박쥐, 상어지느러미나 들쥐를 가릴 것 없이 마구 챙겨 먹는다. 그런 사람은 살기 위하여 먹는 것이라기보다는 먹기 위하여 사는 사람이라고 하는 편이 낫다. 사람이야말로 크게는 우주의, 작게는 지구의 기본 법칙인 상호의존관계의 틀을 무너트리는 대표적인 존재인 셈이다. 앞에서 밝혔듯이 이 세상의 모든 '것'은 어느 하나의 예외도 없이 모두 '공'에서 와서 '공'으로 돌아가는 것이고, 사람이라고 하여 그 예외가 될 수는 없다. 아무리 탐욕

213

스럽게 긁어모아도 빈손으로 왔다가 빈손으로 돌아간다[空手來空手去]. 빈 주먹 쥐고 태어났다가 두 손을 활짝 펴고 이 세상을 뜨는 것이다.

그러니, 앞에서 설명한 바와 같이 욕심을 줄이고 만족할 줄 알며[少欲知足], 자신도 이롭고 남도 이롭게[自利利他] 하는 삶이 되도록 모두 마음을 다잡아 모든 '것' 사이의 상호의존관계를 복원할 일이다.

III. 우리에게는 난국을 극복할 의지가 있다

1. 난국을 극복할 의지

세계 약 75억에 달하는 인간이 1년에 약 1조 8천억 개의 달걀, 약 8천 4백억 리터의 우유와 약 1억 6천만 톤의 토마토를 먹어 치우고, 약 150억 그루의 나무를 벌채(伐採)하며, 약 35억 톤의 이산화탄소(CO_2)를 배출한다. 그러니, 웬만한 노력으로는 인간이 다른 '것'과의 상호의존관계를 유지하기가 그리 쉬운 일은 아니다. 그런데도 인간은 흔히 말하는 삼독(三毒), 곧 탐욕(貪欲), 성냄[瞋恚]과 어리석음[愚痴]으로 말미암아 매사(每事)에 만족할 줄을 모르고, 행여 남에게 질세라 전전긍긍하는 나날을 보내기가 예사이니, 다른 '것'과의 관계성을 고려할 겨를이 없는 것도 무리는 아니다.

그러므로 문제의 핵심은 탐욕인 셈이다. 탐욕을 줄이는 길은 욕심을 줄이고 만족할 줄 아는 것이 첩경(捷徑)이다.

욕심을 줄인다고 할 때의 '욕심'이란 무엇인가를 탐내고 누리고자 하는 마음의 작용을 가리킨다. 사람은 흔히 오욕(五欲)에 매어 산다고 한다. 여기에서 오욕이란 색욕(色欲), 재욕(財欲), 명예욕(名譽欲), 식욕(食欲)과 수면욕(睡眠欲)의 다섯 가지를 가리킨다. 욕심을 경계(警戒)하는 것은 욕심은 일반적으로 탐욕성(貪欲性)을 띤다는 점 때문이다. 탐욕은 자기의 처지나 능력 또는 조건 등을 고려하지 않고 맹목적으로 자기가 추구하는 욕심에 집착함으로써 만족할 줄을 모르는 데에 문제가 있다. 오죽하면 "너무 많지만, 절대 충분하지는 않다"(too much but never enough)라는 말이 공공연하게 쓰이겠는가? 그렇기 때문에, 불가(佛家)에서는 물론, 모든 종교에서는 욕심을 금기(禁忌: taboo)의 대상으로 여기는 것이다.

아무 탈 없이 하루를 넘기고 저녁에 편히 잠자리에 들 수 있는 것만 해도 여간 복된 일이 아니다. 어디 그뿐인가? 자손들에게 아무 일이 없이 그들의 일에 충실함으로써 큰 걱정거리가 되지 않는 것도 퍽 다행스러운 일이 아닐 수 없다. 이러한 일상적이고 사소한 일들이 모두 만족거리임을 마음으로 깨달아야 한다. 흔히, 만족을 큰 것에서만 구하기 때문에 만족에 인색해지지만, 만족에는 크고 작은 차이가 없고, 오로지 그것을 마음에서 어떻게 받아들이는지에 차이가 있을 뿐이다. 특히, 만족을 안다[知足]는 것은 앞에서 본 욕심을 줄이는 소욕(少欲)과 표리(表裏)의 관계에 있는 것이라고 해도 과언이 아니다. 곧, 욕심이 많으면 만족하기 쉽지 않지만, 욕심이 적으면 그만큼 만족하기 쉬울 것이기 때문이다.

욕심은 오직 마음의 작용일 뿐이다. 어느 정도로 그의 뜻이 충족되면 만족할 것인지에 대해서 시사(示唆)하는 기준은 아무것도 없다. 오직 마음으로 만족을 느끼면 그것으로 족한 것이다. 그래서 만족은 오직 마음의 작용일 뿐이라고 하는 것이고, 마음이 어느 정도 여유로운지, 마음이 얼마나 욕심으로부터 자유로운지 등에 따라 만족의 정도가 좌우될 뿐이다. 우리 각자가 참으로 존재하는 것은 바로 "지금 여기"(here now)뿐이다. 그러므로 우리는 언제나 "지금 여기"에 충실해야 하고, 그것으로 족한 것이다. 조금 전만 해도 이미 흘러간 과거요, 조금 후의 일은 미래로 아직 오지도 않았다. 과거는 이미 지나가 다시 되돌릴 수 없으며, 미래는 아직 오지 않아 망상의 세계일 뿐이다.

2. 난국일수록 자리이타(自利利他)를 통해
   '관계성'을 유지해야

'자리'(自利: self regard)란 자기 자신의 이로움을 위하여 행하는 일을 말하고, 이타(利他: altruism)는 다른 사람의 이익을 도모하기 위하여 행하는 것을 말한다. 원래, '자리이타'라는 용어는 대승불교권(大乘仏教圈)에서 이른바 보살(菩薩)이 닦는 행과(行果)를 말한다. 그러나 자리이타는 불자(仏子)에게만 요구되는 것이 아니라, 이 세상에서 삶을 누리고 있는 모든 사람에게 요구되는 마음가짐이요, 일상생활의 덕목(德目)이라고 할 수 있다.

이 세상에서 삶을 누리고 있는 모든 생명은 서로 어울려 도우면서 살아가는 것이지, 어느 하나도 홀로 살 수 있는 것은 없다. 그것은 개개의 생명체뿐만 아니라 종족(種族) 사이에서도 마찬가지이다. 더욱이, 이 세상에 있는 모든 '것'은 앞에서 살펴본 바와 같이 생래적(生來的)으로 모두 상호의존관계에 있기 때문에, 자신을 위해서라도 언제나 이타와 함께하지 않을 수 없음을 자각하여야 한다. 지금 인간이 당면하고 있는 갖가지 위험요소들, 곧 지구온난화와 해양오염을 비롯한 각종 재앙거리들은 모두 현세인류인 호모 사피엔스(homo sapience)가 저지른 이타를 외면하고 자리에만 매달린 과오가 빚어낸 결과라고 할 수 있다. 과연 그렇다면, 우리 인간은 지금이라도 바로 현실과 과오를 직시함으로써 잊었던 이타의 길에 되돌아서야 한다. 그것만이 이 세상 모든 '것'과 상호의존관계를 복원하고, 이 아름다운 행성(行星), 오직 하나뿐인 지구를 되살릴 수 있는 길이다.

글을 맺으며

  잎이 다 떨어져 마치 죽은 듯이 보이던 서재 창밖의 감나무와 목련 나뭇가지에 소복이 눈이 쌓이니 퍽 활기가 있어 보인다. 감나무에 몇 개 달렸던 홍시는 까치들이 다 쪼아 먹고 겨우 두어 개 남았는데, 그것을 먹으려고 까치 한 마리가 날아와 주위는 아랑곳하지도 않고 열심히 쪼아댄다. 하기야, 종일 함박눈이 내려 모든 것을 뒤덮어 놓았으니 먹이를 찾지 못하여 배도 고프겠지. 얼마 지나지 않아 조그마한 참새 세 마리가 날아와 이웃 가지에 앉아 감을 쪼아 먹고 있는 까치를 부럽다는 듯이 물끄러미 쳐다보고 있으나, 까치는 아랑곳 없이 감을 쪼아댄다. 얼마 지나자 까치는 먹던 감을 뒤로 하고 미련 없이 날아가 버린다. 배가 웬만큼 찬 모양이다. 그제야 이웃 가지에 있던 참새들이 자리를 옮겨 까치가 남긴 감을 서로 앞을 다투어 쪼아댄다. 참새로서는 많이 기다린 셈

219

이다. 참새가 조용히 기다리고 있으면 까치가 먹던 감을 남겨놓고 날아갈 것을 미리 알았을까? 여기에 야생동물들의 상호의존관계의 실상을 보는 것 같아 명색이 한 인간으로서 소름이 끼칠 지경이다.

문득, 몇 년 전엔가 KBS. TV.에서 방영된 '동물의 세계'의 한 토막이 생각난다. 줄기차게 내리는 비로 말미암아 며칠간 먹이 사냥을 못한 사자들이 잔뜩 주린 배를 안고 날씨가 들기만을 기다리던 중, 그날은 아침부터 쾌청한 날이었다. 어린 새끼 사자들을 남겨놓고 혼자서도 사냥을 나설 만큼 자란 사자 두 마리를 거느리고 어미 사자가 바위틈에서 나와 들판을 향하여 부지런히 움직인다. 우리 눈에는 아직 아무것도 보이지 않지만, 사자는 먹잇감이 몰려오고 있음을 이미 감지(感知)한 것 같다. 사냥을 시작하기에 알맞은 곳의 풀 사이에 엎드려보더니 곧 일어나 멀리 한참 쳐다보던 사자가 그 자리에 바짝 엎드린다. 얼마 있자 저 멀리에 물소 떼가 몰려오는 것이 보이기 시작하더니, 곧 사자가 매복하고 있는 곳을 지나기 시작하였다. 암사자는 죽은 듯이 엎드려 사냥할 목표를 정하느라 지나가는 소 떼를 살피더니 곧 일어나 중간쯤 크기의 물소 한 마리를 향하여 쏜살같이 뛰어나간다. 자세히 보니 그 소는 발 하나가 불편한 듯 약간 절면서 도망치기 시작하였고, 큰 소 한 마리가 쫓아오는 사자를 가로막으려 하자 어린 사자 두 마리가 그 물소를 쫓기 시작했다. 그러는 사이, 앞의 어미 사자는 이미 쫓던 소를 쓰러뜨리고 목을 물어 마지막 숨길을 끊고 있었다. 이로써 그날의 사냥은 끝난 셈이다. 어미 사자는 잡은 소를 풀 사이로 힘겹게 끌어들인 다음, 먼 하늘을 쳐다보고 큰 소리로 두어 차례 으르렁댔다. 그러자, 어디에서 나타났는지 큰 수사자 한 마리가 천천히 오는 것 아닌가. 뒤이어 바위 사이에 숨겨있던 새끼 사자들이 또한 장난치면서 뛰어왔다. 사자 가족이 모두 모인 셈이다. 그러자, 사냥 해온 암사자는 고기를 뜯던 행동을 멈추고 한 발짝 물러나기가 무섭게 숫사자가 달라붙어 물소를 뜯기 시작하는데도 다른 사자들은 물끄러미 쳐다보고 있을 뿐 끼어들지 않는다. 얼마 지나자 수사자는 배가 찼는지 물러나 어디론지 떠나가 버렸다. 그때야 사냥한 어미 사자가 이제 자기 차례라는 듯이 사냥에 참여한 어린 사자들과 함께 고기를 한참 뜯더니, 새끼 사자들에게 고기를 뜯어 먹이기도 하고, 어떤 것은 스스로 뜯으려고 안간힘을 다 쓰는 놈도 있다. 새끼 사자들까지 온 가족이 먹고도 사냥한 물소고기는 많이 남았다. 그런데도 사자 가족은 남은 고기를 뒤로 한 채 미련 없이 그곳을 떠나는 것 아닌가! 얼마 있자, 어떻게 알았는지, 독수리 떼가 나타나 향연(饗宴)이 벌어졌다.

앞에서 본 까치의 경우와 크게 다를 것이 없는 것 같았다. 이것이야말로 동물들이 보여주는 상호의존관계의 모습이 아니고 무엇이겠는가? 그들의 생각이 어찌 되었거나 "나도 살고 너도 살아야" 한다는 결과는 매양 한 가지일 수밖에 없다.

이 글을 쓰고 있는 사이에 코로나-19(covid-19)는 갖가지 노력에도 아랑곳없이 확산을 거듭하더니, 이제 하루에 250,000명 이상의 감염자를 내고 있다. 국제 통계사이트인 월드오메라(World O. Mera)에 의하면 코로나-19가 처음 발생했다는 2019년 12월부터 만 2년이 지난 2022년 2월 현재까지 각국에서 온갖 방역 노력에도 불구하고 이미 세계적으로 약 4억 173만명의 감염자를 내고 약 5백 73만 명의 사망자가 나왔다니, 참으로 가공(可恐)할 일이 아닐 수 없다. 그런데도 아직도 팬데믹(pandemic)은 수그러들 조짐을 보이지 않고 있으니 걱정이다.

원래, 자연은 웬만한 흠 정도는 자정능력에 의한 복원이 가능하고, 그 좋은 예가 아프리카 초원에서 볼 수 있는 세렝게티법칙(selengeti rule)이다. 그러나 현재 지구에 안겨진 문제들은 지구가 감내하고 자정할 수 있는 능력의 한계를 넘어선 것들이라는 데에 문제의 심각성이 있음을 인식하여야 한다.

칠흑 같은 어둠도 새벽녘 수탉의 울음소리와 더불어 어렴풋이 드러나는 여명(黎明)에는 자리를 내어줄 채비를 차리지 않을 수 없고, 헐벗은 채 죽은 듯이 삭풍(朔風)을 견뎌낸 매화나무라야 추위가 채 가기도 전에 코를 찌르는 향기를 품는 꽃을 피운다는 것은 우리가 어찌할 수 없는 만고의 진리다. 코를 비튼다고 이른 봄 매화나무의 향기가 없어질 수 없고, 수탉의 목을 비튼다고 떠오르는 아침 해가 가라앉지 않는다.

　우주와 우리가 삶을 누리고 있는 이 행성은 물론, 이 세상의 모든 '것'은 순리에 따라 움직일 뿐 그 길을 벗어남이 거의 없다. 그야말로 무위자연(無爲自然)이다. 오직 인간만이 허울 좋은 만물의 영장(靈長)이라는 망상에 빠져 개발이라는 미명 아래 지구를 마구 훼손하고, 풍요로움에 대한 욕구로 탐욕스럽게 자원을 낭비하는가 하면, 지배욕에 눈이 어두워 군비경쟁(軍備競爭)에 여념이 없다 보니 인위적이 아닌 것을 찾아보기 어렵게 되었다. 어디 그뿐인가? 2021년 말엽의 통계에 의하면 우리의 삶의 터전인 이 아름다운 지구 둘레에는 인공위성을 파괴할 만한 크기의 우주 쓰레기 약 26.000개가 지구를 선회하고 있다니 놀라운 일이 아닐 수 없다. 결국, 무위자연을 도외시(度外視)한 유위(有爲)의 세상을 만들어 낸 셈이니, 인간이 스스로 불안을 불러온 꼴이다. 그러니, 연기법과 '

공'에서 우러난 상호의존관계(相互依存關係: interdependence)라거나 "네가 있어 내가 있다"(I am because you are)라는 남아프리카의 우분투(Ubuntu) 사상은 찾아볼 길조차 막막해진 것 같다.

교정(校訂)을 거의 마쳐가는데 미국 덴버(Denver)에 있는 '마음과 생명연구소'(Mind & Life Institute) 과학담당 이사(Science Derector) 웬디(Wendy Hasenkamp)로부터 이메일이 왔다. 그런데 우연이라고 하기에는 이상하게 마치 내가 이 글을 쓰고 있다는 것을 알기나 한 듯이 그 메일은 지구상 모든 '것'의 상호의존관계에 언급하기를 "우리 주변의 외형적으로 매우 다양한 인간, 짐승, 식물, 기타 자연의 세계는 자세히 살펴본다면 훌륭한 상호의존(interdependence)의 연결고리로 엮여있음을 알 수 있다."라고 하여, 이 책의 마무리에 적절한 말을 적고 있음을 여기에 밝혀 둔다. 아무튼, 더 늦기 전에 상호의존관계의 틀이 복원될 수 있기를 기대할 뿐이다.

찾아보기

ㄴ

ㄷ

함께 살아갈 인연

2022년 7월 11일 초판 1쇄 인쇄
2022년 7월 18일 초판 1쇄 발행

지은이   이 상 규
발행인   이 주 현
발행처   도서출판 해조음

등록   2002. 3. 15 제-3500호
주소   서울 중구 필동로1길 14-6 리엔리하우스203호
전화   02-2279-2343
팩스   02-2279-2406
E-mail   haejoum@naver.com

ISBN 979-11-91515-08-4
값 10,000원